CHARLOTTE BARLEY

TRAUMRASSE

FRIESE

Bibliografische Information der Deutschen Nationalbibliothek
Die Deutsche Nationalbibliothek verzeichnet diese Publikation in der Deutschen Nationalbibliografie,
detaillierte bibliografische Daten sind im Internet über http://dnb.d-nb.de abrufbar

In diesem Buch nutzen wir manchmal geschlechtsneutrale Begriffe, um den Text flüssiger und leichter lesbar zu gestalten. Das bedeutet jedoch nicht, dass wir die Bedeutung des Geschlechts ignorieren oder herabsetzen. Wir erkennen und schätzen die Vielfalt und Einzigartigkeit jedes Einzelnen. In Fällen, in denen eine geschlechtsspezifische Differenzierung für das Verständnis wichtig ist, haben wir diese beibehalten. Bitte verstehen Sie diese vereinfachte Sprache als Teil unseres Bestrebens, das Lesen für alle so angenehm wie möglich zu gestalten. Danke, dass Sie ein Teil unserer Lese-Community sind.

1. Auflage Juli 2024

Herstellung und Verlag: BoD – Books on Demand, Norderstedt
ISBN: 9783759758392
Bildnachweis:
Cover und Fotos im Buch: adobe stock, Pixabay, Wikipedia, Ki-generiert
Illustrationen im Buch: adobe stock - Igor Zakowski, adobe stock - ilyakalinin

Inhaltsverzeichnis

VORWORT   8

GESCHICHTE UND URSPRUNG DES
FRIESENPFERDES   10

CHARAKTERISTISCHE MERKMALE DES
FRIESENPFERDES   14

ANSCHAFFUNG EINES
FRIESENPFERDES   18

DER STALL   26

DER HUFSCHMIED   30

GRUNDLAGEN DER PFERDEPFLEGE   32

VERTRAUEN AUFBAUEN   42

TRAINING UND ERZIEHUNG   48

REITSTILE UND DISZIPLINEN FÜR
FRIESENPFERDE   52

AUSRÜSTUNG UND ZUBEHÖR   56

REITERPASS   66

FORTGESCHRITTENE REITTECHNIKEN   70

REITSPORTARTEN   74

KUTSCHPFERDE   80

BAHNFIGUREN   86

TEILNAHME AN WETTBEWERBEN   94

DIE GESUNHEIT EINES FRIESEN   106

LANGFRISTIGE PFLEGE UND
MANAGEMENT   114

DIE KULTURELLE BEDEUTUNG DES
FRIESENPFERDES HEUTE   118

KIND & PFERD   124

PFERD & ANDERE HAUSTIERE   128

ERNÄHRUNG   132

RASSESTANDARD   138

DIE ZUCHT UND DIE ZUCHTMETHODEN   142

BERÜHMTE FRIESENPFERDE   146

SERVICESEITEN FÜR
FRIESENPFERDEBESITZER   150

INDEX   154

Liebe Leserinnen und Leser,

Willkommen in der faszinierenden Welt der Friesenpferde, einer Rasse, die durch ihre Schönheit, Intelligenz und Leistungsfähigkeit die Herzen von Pferdeliebhabern auf der ganzen Welt erobert hat. Dieses Buch wurde speziell für Neulinge in der Welt der Friesenpferde konzipiert und soll als umfassender Leitfaden dienen, um Ihnen den Einstieg in das Abenteuer des Besitzes und Reitens dieser außergewöhnlichen Tiere zu erleichtern.

Die Entscheidung, ein Friesenpferd in Ihr Leben zu bringen, ist der Beginn einer spannenden Reise. Friesen sind nicht nur für ihre beeindruckende Ausdauer und ihre sensiblen Naturen bekannt, sondern auch für ihre tiefe Verbundenheit mit den Menschen, mit denen sie leben. In diesem Buch möchten wir Ihnen sowohl das notwendige Wissen vermitteln, das Sie als zukünftiger Pferdebesitzer benötigen, als auch Ihre Begeisterung für die vielfältigen Aspekte des Reitens und der Pflege dieser edlen Rasse wecken.

Wir beginnen mit einem historischen Überblick, der die Ursprünge und die kulturelle Bedeutung der Friesenpferde beleuchtet, gefolgt von einer detaillierten Beschreibung ihrer charakteristischen Merkmale und des Temperaments. Wir führen Sie durch die wichtigsten Überlegungen, die vor dem Kauf eines Friesenpferdes anzustellen sind, und bieten praktische Ratschläge für die tägliche Pflege, von der richtigen Ernährung bis zur Fellpflege.

Des Weiteren decken wir die Grundlagen des Trainings und der Erziehung ab und erkunden verschiedene Reitstile und Disziplinen, die besonders gut zu den Fähigkeiten des Friesen passen. Sie erhalten zudem nützliche Tipps zur Auswahl der richtigen Ausrüstung und erfahren, wie Sie sich und Ihr Pferd auf Wettbewerbe vorbereiten können.

Dieses Buch soll nicht nur ein Ratgeber sein, sondern auch eine Quelle der Inspiration. Es enthält Geschichten und Einsichten, die die besondere Beziehung zwischen Friesenpferden und ihren Reitern verdeutlichen. Unser Ziel ist es, Ihnen das Rüstzeug an die Hand zu geben, damit Sie und Ihr Friese eine sichere, freudige und erfüllende Zeit zusammen haben.

Wir laden Sie ein, die Seiten dieses Buches zu durchblättern und sich auf eine bereichernde Reise mit Ihrem Friesenpferd zu begeben. Ob Sie sich für die Geschichte, die Pflege, das Training oder das Reiten interessieren, hier finden Sie wertvolle Informationen und Anregungen, die Ihre Erfahrungen mit Ihrem Friesenpferd prägen werden. Willkommen in der Gemeinschaft der Friesenpferdebesitzer – eine Welt, die ebenso anspruchsvoll wie belohnend ist.

Viel Freude auf Ihrem Weg mit den Friesenpferden!

Ihre Charlotte Barley & Team

GESCHICHTE UND URSPRUNG DES FRIESENPFERDES

Das Friesenpferd, bekannt für seine Eleganz, Anmut und beeindruckende Erscheinung, hat eine reiche und faszinierende Geschichte, die Jahrhunderte zurückreicht.

Diese Rasse, die aus der niederländischen Provinz Friesland stammt, hat eine bedeutende Rolle in der Kultur und Geschichte Europas gespielt.

Frühgeschichte und Ursprung

Die Ursprünge des Friesenpferdes lassen sich bis in die Antike zurückverfolgen. Bereits in der Römerzeit wurden in den heutigen Niederlanden Pferde gezüchtet, die als Vorfahren der modernen Friesen angesehen werden können.

Diese Pferde waren robust und widerstandsfähig, was sie zu idealen Arbeitspferden machte. Sie wurden in der Landwirtschaft und als Kriegspferde verwendet, da sie stark genug waren, um schwere Lasten zu ziehen, und gleichzeitig wendig genug, um in Schlachten eingesetzt zu werden.

Mittelalter und Renaissance

Im Mittelalter erlangten Friesenpferde große Beliebtheit bei Rittern und Ad-
ligen. Ihre Stärke und Ausdauer machten sie zu perfekten Kriegspferden. Die
Friesen wurden für ihre Fähigkeit geschätzt, in Rüstungen gekleidete Ritter
zu tragen. Zudem waren sie für ihre hohen Knieaktionen bekannt, was sie zu
beeindruckenden Paradepferden machte.

Während der Kreuzzüge im 12. und 13. Jahrhundert kamen Friesenpferde mit
orientalischen Pferden wie Arabern und Andalusiern in Kontakt. Diese Kreuzungen führten zu einer Verfeinerung der Rasse, wobei die Eleganz und der
Adel der orientalischen Pferde mit der Stärke und Widerstandsfähigkeit der
Friesen kombiniert wurden.

16. bis 18. Jahrhundert

Im 16. und 17. Jahrhundert wurden Friesenpferde weiter gezüchtet, um den
Anforderungen der sich verändernden Gesellschaft gerecht zu werden. Sie
waren nicht mehr nur Kriegspferde, sondern auch Zugpferde für Kutschen
und landwirtschaftliche Arbeiten. Ihre Vielseitigkeit und ihr ruhiges Temperament machten sie zu beliebten Pferden in ganz Europa.

Während des 18. Jahrhunderts geriet die Rasse jedoch in Gefahr. Der Bedarf
an schweren Arbeitspferden nahm ab, und leichtere Pferde wurden bevorzugt.
Dies führte zu einem Rückgang der Population des Friesenpferdes. Es waren
vor allem die niederländischen Bauern und Züchter, die sich für den Erhalt
der Rasse einsetzten und ihre einzigartigen Merkmale bewahrten.

19. und 20. Jahrhundert

Im 19. Jahrhundert erlebte das Friesenpferd einen weiteren Rückgang. Der
Aufstieg der mechanisierten Landwirtschaft und des Automobils reduzierte
den Bedarf an Zugpferden drastisch. In dieser Zeit wurde die Rasse fast voll-
ständig durch Kreuzungen mit schwereren Arbeitspferden verdrängt.

Dank der Bemühungen engagierter Züchter in Friesland konnte die Rasse
jedoch überleben. Sie konzentrierten sich darauf, die reinen Blutlinien zu er-

halten und die traditionellen Merkmale des Friesenpferdes zu bewahren. Diese Bemühungen führten schließlich zur Gründung des Friesian Horse Studbook im Jahr 1879, dem ältesten Zuchtbuch für Friesenpferde.

Modernes Friesenpferd

Heute ist das Friesenpferd eine weltweit anerkannte und geschätzte Rasse. Es wird für seine Schönheit, Eleganz und Vielseitigkeit bewundert. Friesenpferde sind in verschiedenen Disziplinen erfolgreich, darunter Dressur, Showreiten und als Fahrpferde. Sie sind auch aufgrund ihres sanften und freundlichen Wesens beliebte Freizeitpferde.

Die moderne Zucht konzentriert sich darauf, die traditionellen Merkmale der Rasse zu bewahren, einschließlich des markanten schwarzen Fells, der langen Mähne und des üppigen Schweifs. Gleichzeitig wird darauf geachtet, die Gesundheit und das Wohlbefinden der Pferde zu fördern.

Fazit

Die Geschichte des Friesenpferdes ist eine Geschichte von Ausdauer und Anpassungsfähigkeit. Von den Schlachtfeldern des Mittelalters bis zu den Reitarenen der Gegenwart hat diese beeindruckende Rasse eine bemerkenswerte Reise hinter sich.

Die Bemühungen engagierter Züchter und Liebhaber haben dazu beigetragen, dass das Friesenpferd heute nicht nur überlebt, sondern auch floriert. Ihre majestätische Erscheinung und ihr edles Wesen machen sie zu einer der faszinierendsten und geschätztesten Pferderassen der Welt.

Tolle Kutschpferde.

„Wo auch immer Menschen ihre Fußabdrücke hinterlassen haben, findet man Hufabdrücke neben ihnen…"

-Verfasser unbekannt-

Sehr hübsche Pferde.

CHARAKTERISTISCHE MERKMALE DES FRIESENPFERDES

Das Friesenpferd, auch bekannt als „Friese", ist eine der markantesten und beeindruckendsten Pferderassen der Welt.

Diese Pferde sind nicht nur durch ihr auffälliges Aussehen, sondern auch durch ihr außergewöhnliches Temperament und ihre vielseitigen Fähigkeiten bekannt.

Eindrucksvoll.

Erscheinungsbild

Farbe:
Friesenpferde sind fast ausschließlich schwarz, was zu ihrem majestätischen und imposanten Erscheinungsbild beiträgt. Weiße Abzeichen sind äußerst selten und beschränken sich in der Regel auf kleine Sterne auf der Stirn.

Körperbau:
Der Körperbau des Friesenpferdes ist kraftvoll und harmonisch. Sie haben einen starken, muskulösen Körper mit einem tiefen Brustkorb und einem leicht gewölbten Rücken. Ihre Beine sind kräftig und gut proportioniert, was ihnen sowohl Stabilität als auch Beweglichkeit verleiht.

Hals und Kopf:

Der Kopf ist edel geformt, mit einer geraden oder leicht konvexen Nasenlinie. Die Augen sind groß und ausdrucksstark, was dem Friesenpferd einen intelligenten und wachsamen Ausdruck verleiht. Der Hals ist lang und elegant geschwungen, was zu einer stolzen und anmutigen Haltung führt.

Mähne und Schweif:

Eine der auffälligsten Merkmale des Friesenpferdes ist die üppige, lange Mähne und der volle Schweif. Beide sind dicht und wellig, was zu ihrem dramatischen und romantischen Aussehen beiträgt. Auch das Langhaar an den Beinen, die sogenannten „Fetlocken", ist charakteristisch und trägt zur beeindruckenden Erscheinung bei.

Bewegungsablauf

Friesenpferde sind bekannt für ihre hohe Knieaktion und den federnden, eleganten Gang. Ihre Bewegungen sind kraftvoll und rhythmisch, was sie besonders in der Dressur und im Showreiten beliebt macht. Der Schritt ist energisch und raumgreifend, der Trab ist dynamisch und der Galopp ist geschmeidig und kraftvoll.

Temperament und Charakter
Sanftmütig und freundlich:

Friesenpferde haben ein ausgeglichenes und freundliches Wesen. Sie sind bekannt für ihre Sanftmütigkeit und Geduld, was sie zu idealen Partnern sowohl für erfahrene Reiter als auch für Anfänger macht.

Intelligent und lernwillig:

Diese Pferde sind sehr intelligent und lernwillig. Sie haben eine schnelle Auffassungsgabe und sind in der Lage, komplexe Aufgaben zu verstehen und auszuführen. Diese Eigenschaften machen sie besonders geeignet für Disziplinen wie Dressur, in denen Präzision und Gehorsam wichtig sind.

Anhänglich und loyal:

Friesenpferde bauen oft eine starke Bindung zu ihren Besitzern auf. Sie sind sehr anhänglich und loyal, was zu einer tiefen und vertrauensvollen Beziehung führt. Ihr Bedürfnis nach menschlicher Gesellschaft und Interaktion macht sie zu hervorragenden Begleitern.

Vielseitigkeit

Friesenpferde sind äußerst vielseitig und in verschiedenen Disziplinen erfolgreich. Sie sind nicht nur beeindruckende Showpferde, sondern auch zuverlässige Fahrpferde. Ihre Stärke und Ausdauer machen sie geeignet für das

Anhänglich.

Fahren sowohl im Sport als auch in traditionellen Veranstaltungen. In der Dressur zeichnen sie sich durch ihre beeindruckende Beweglichkeit und Eleganz aus. Auch im Freizeitbereich sind sie aufgrund ihres freundlichen und ausgeglichenen Wesens sehr beliebt.

Die charakteristischen Merkmale des Friesenpferdes – ihr beeindruckendes Aussehen, ihre eleganten Bewegungen, ihr sanftes Temperament und ihre Vielseitigkeit – machen diese Rasse zu einer der faszinierendsten und beliebtesten der Welt. Friesenpferde sind nicht nur schöne und eindrucksvolle Tiere, sondern auch loyale und intelligente Begleiter, die eine tiefe und vertrauensvolle Beziehung zu ihren Besitzern aufbauen. Ihr majestätisches Auftreten und ihre außergewöhnlichen Fähigkeiten machen sie zu wahren Juwelen in der Welt der Pferde.

DIE ANSCHAFFUNG EINES FRIESENPFERDES.

Die Anschaffung eines Friesenpferdes ist ein bedeutender Schritt, der gut überlegt und geplant sein sollte. Friesenpferde sind bekannt für ihre Eleganz, Anmut und Vielseitigkeit, was sie zu beliebten Wahl für viele Pferdeliebhaber macht. Es gibt jedoch einige wichtige Aspekte zu berücksichtigen, bevor man sich für den Kauf eines Friesenpferdes entscheidet.

Dazu gehören die Kosten, die Pflege, die Anforderungen an Haltung und Training sowie die Überlegungen zur gewünschten Disziplin, in der das Pferd eingesetzt werden soll.

Für welche Disziplin?

Überlegungen vor der Anschaffung
Kosten:
Friesenpferde sind in der Regel teurer als viele andere Pferderassen. Die Anschaffungskosten können je nach Abstammung, Ausbildung und Alter des Pferdes stark variieren. Neben dem Kaufpreis sollten auch laufende Kosten für Futter, Pflege, tierärztliche Versorgung, Ausrüstung und Unterbringung eingeplant werden. Es ist wichtig, ein realistisches Budget aufzustellen und sicherzustellen, dass man sich die langfristigen Kosten leisten kann.

Pflege und Unterbringung:

Friesenpferde benötigen regelmäßige Pflege, um gesund und glücklich zu bleiben. Dazu gehört die tägliche Pflege von Mähne, Schweif und Fell sowie regelmäßige Hufpflege. Sie sollten in einer sauberen, gut belüfteten Stallung untergebracht werden und ausreichend Auslauf haben. Zudem benötigen sie regelmäßige tierärztliche Untersuchungen und Impfungen.

Ernährung:

Eine ausgewogene Ernährung ist entscheidend für die Gesundheit eines Friesenpferdes. Hochwertiges Heu, frisches Wasser und gegebenenfalls Ergänzungsfuttermittel sind notwendig, um die Nährstoffbedürfnisse des Pferdes zu decken. Es kann auch hilfreich sein, sich mit einem Tierarzt oder Ernährungsberater für Pferde zu beraten, um einen individuellen Futterplan zu erstellen.

Training und Ausbildung:

Friesenpferde sind intelligente und lernwillige Tiere, die regelmäßiges Training benötigen. Es ist wichtig, sich über die Methoden und Techniken des Pferdetrainings zu informieren und gegebenenfalls einen professionellen Trainer zu Rate zu ziehen. Kontinuierliches Training ist nicht nur für die körperliche Fitness wichtig, sondern auch für die mentale Stimulation und das Wohlbefinden des Pferdes.

Auswahl der Disziplin

Ein entscheidender Faktor bei der Anschaffung eines Friesenpferdes ist die Überlegung, in welcher Disziplin das Pferd eingesetzt werden soll. Friesenpferde sind äußerst vielseitig und können in verschiedenen Bereichen erfolgreich sein. Die Auswahl der richtigen Disziplin hängt von den Interessen und Zielen des zukünftigen Besitzers ab.

Dressur:

Friesenpferde sind aufgrund ihrer eleganten Bewegungen und hohen Knieaktion hervorragend für die Dressur geeignet. Ihre natürliche Anmut und ihr gehorsames Wesen machen sie zu idealen Partnern für diese Disziplin. Wenn Sie sich für Dressur interessieren, sollten Sie ein Friesenpferd mit guter Abstammung und entsprechender Ausbildung wählen.

Fahren:

Friesenpferde sind auch exzellente Fahrpferde. Sie eignen sich sowohl für das sportliche Fahren als auch für traditionelle Veranstaltungen wie Kutschenfahrten. Ihre Stärke und Ausdauer sowie ihre beeindruckende Erscheinung machen sie zu beliebten Fahrpferden.

Freizeit und Wanderritte:

Viele Menschen entscheiden sich für ein Friesenpferd als Freizeit- und Wanderreitpferd. Ihr ruhiges Temperament und ihre Zuverlässigkeit machen sie zu idealen Begleitern für entspannte Ausritte in der Natur. Wenn Sie hauptsächlich im Freizeitbereich reiten möchten, sollten Sie ein Pferd wählen, das gut sozialisiert und gelassen ist.

Show und Zirkus:

Aufgrund ihrer beeindruckenden Erscheinung und hohen Lernfähigkeit sind Friesenpferde auch in Shows und Zirkusaufführungen beliebt. Ihre Fähigkeit, komplizierte Tricks und Kunststücke zu erlernen, macht sie zu beeindruckenden Showpferden. Wenn Sie in diesem Bereich tätig werden möchten, sollten Sie ein Pferd wählen, das nicht nur talentiert, sondern auch stressresistent ist.

Der Kaufprozess
Vertrauenswürdige Quellen:

Beim Kauf eines Friesenpferdes ist es wichtig, von vertrauenswürdigen Züchtern oder Verkäufern zu kaufen. Informieren Sie sich gründlich über den Hintergrund des Verkäufers und lesen Sie Bewertungen oder holen Sie Empfehlungen ein. Besuchen Sie mehrere potenzielle Pferde und nehmen Sie sich Zeit, um das richtige Pferd für Ihre Bedürfnisse zu finden.

Probieren vor dem Kauf:

Es ist ratsam, das Pferd vor dem Kauf mehrmals zu besuchen und auszuprobieren. Achten Sie darauf, wie das Pferd auf Ihre Anweisungen reagiert und ob es zu Ihrem Reitstil passt. Ein Tierarzt sollte das Pferd vor dem Kauf gründlich untersuchen, um sicherzustellen, dass es gesund ist.

Vertragsabschluss:

Schließen Sie einen detaillierten Kaufvertrag ab, der alle wichtigen Informationen enthält, einschließlich des Gesundheitszustands, der Abstammung und der Ausbildung des Pferdes. Stellen Sie sicher, dass alle mündlichen Vereinbarungen schriftlich festgehalten werden.

Die Anschaffung eines Friesenpferdes ist eine bedeutende Entscheidung, die sorgfältige Planung und Überlegung erfordert. Indem Sie sich über die Bedürfnisse und Anforderungen dieser beeindruckenden Rasse informieren und die richtige Disziplin wählen, können Sie sicherstellen, dass Sie und Ihr Friese eine erfüllende und erfolgreiche Partnerschaft eingehen. Mit der richtigen Vorbereitung und Pflege wird Ihr Friesenpferd nicht nur ein beeindruckender Begleiter, sondern auch ein treuer Freund und Partner.

VIELLEICHT IST AUCH EINE TEILHABER-SCHAFT BEI EINEM FRIESEN SINNVOLL?

Der Besitz eines Pferdes, insbesondere eines edlen Friesenpferdes, ist für viele ein lang gehegter Traum.

Allerdings bringt der Kauf und die Pflege eines Pferdes erhebliche finanzielle und zeitliche Verpflichtungen mit sich.

Eine Teilhaberschaft kann eine attraktive Alternative sein, die es ermöglicht, die Freuden des Pferdebesitzes zu erleben, ohne die volle Last der Verantwortung alleine tragen zu müssen.

Im Folgenden werden die verschiedenen Aspekte einer Teilhaberschaft an einem Friesen ausführlich beleuchtet.

Finanzielle Aspekte

1. Anschaffungskosten:
Der Kauf eines Friesenpferdes kann je nach Abstammung, Ausbildung und Alter mehrere Tausend bis Zehntausend Euro kosten. In einer Teilhaberschaft werden diese Kosten unter den Teilhabern aufgeteilt, was die anfängliche finanzielle Belastung erheblich reduziert.

2. Laufende Kosten:
Unterbringung: Die Stallmiete kann monatlich zwischen 200 und 600 Euro oder mehr kosten, abhängig von den Stallbedingungen und der Region. In einer Teilhaberschaft teilen sich die Partner diese Kosten.

Futter und Pflege: Die Kosten für Futter, Hufpflege, Tierarztbesuche und Impfungen können sich auf mehrere Hundert Euro pro Monat belaufen. Auch hier bietet eine Teilhaberschaft finanzielle Entlastung durch die Aufteilung dieser Ausgaben.

Versicherungen: Haftpflicht- und Krankenversicherungen sind notwendig und kostenpflichtig. Die Prämien können in einer Teilhaberschaft ebenfalls aufgeteilt werden.

3. Unvorhergesehene Kosten:
Tierarztrechnungen für plötzliche Erkrankungen oder Verletzungen können hoch sein. Eine gemeinsame Übernahme dieser Kosten kann das finanzielle Risiko verringern.

Zeitliche Aspekte

1. Tägliche Pflege und Bewegung:
Pferde benötigen tägliche Pflege und Bewegung. Dies umfasst das Füttern, Ausmisten des Stalls, und das Bewegen des Pferdes durch Reiten oder Longieren. In einer Teilhaberschaft können diese Aufgaben zwischen den Partnern aufgeteilt werden, was den Zeitaufwand für den Einzelnen reduziert.

2. Flexibilität:
Eine Teilhaberschaft bietet mehr Flexibilität. Wenn ein Teilhaber krank ist, Urlaub macht oder aus anderen Gründen verhindert ist, können die anderen Teilhaber die Pflege übernehmen. Dies verhindert, dass das Pferd vernachlässigt wird und bietet jedem Teilhaber mehr Freizeit.

3. Training und Weiterbildung:

Pferde profitieren von regelmäßigem Training. In einer Teilhaberschaft können sich die Partner absprechen, um sicherzustellen, dass das Pferd regelmäßig und konsistent trainiert wird.

Dies ist besonders wichtig für die Ausbildung und das Wohlbefinden des Pferdes.

Soziale Aspekte

1. Gemeinschaft und Austausch:
Eine Teilhaberschaft fördert den Austausch und die Gemeinschaft zwischen den Teilhabern. Dies kann zu einer bereichernden Erfahrung werden, bei der man voneinander lernt und gemeinsame Erlebnisse teilt.

Gemeinsame Ausritte, Trainingseinheiten oder sogar Teilnahme an Wettbewerben können das Gemeinschaftsgefühl stärken und zu lang anhaltenden Freundschaften führen.

2. Verantwortungsaufteilung:
Die Verantwortung für das Wohl des Pferdes wird geteilt. Dies kann den Stress und Druck verringern, der oft mit dem alleinigen Besitz eines Pferdes einhergeht.
Entscheidungen bezüglich Pflege, Training und Gesundheitsvorsorge können gemeinsam getroffen werden, was zu besseren Ergebnissen für das Pferd führen kann.

Rechtliche Aspekte
1. Vertragliche Vereinbarungen:

Eine klare vertragliche Vereinbarung ist entscheidend für eine erfolgreiche Teilhaberschaft. Der Vertrag sollte alle relevanten Aspekte regeln, darunter finanzielle Beiträge, Pflichten und Rechte der Teilhaber, Entscheidungsprozesse und die Regelungen im Falle von Meinungsverschiedenheiten oder Beendigung der Teilhaberschaft.

Der Vertrag sollte auch festlegen, wie die Aufteilung der Nutzung des Pferdes geregelt ist, um sicherzustellen, dass alle Teilhaber fairen Zugang haben.

2. Versicherung:

Es ist wichtig, dass das Pferd haftpflichtversichert ist, um potenzielle Schäden abzudecken, die das Pferd verursachen könnte. In einer Teilhaberschaft sollten alle Teilhaber in die Versicherungspolice eingeschlossen werden.

Eine Krankenversicherung für das Pferd kann ebenfalls sinnvoll sein, um unvorhergesehene Tierarztkosten abzudecken.

Emotionale Aspekte

1. Bindung zum Pferd:
Eine Teilhaberschaft kann es ermöglichen, eine enge Bindung zu einem Pferd aufzubauen, ohne die volle Verantwortung und den damit verbundenen Stress zu tragen. Dies kann besonders vorteilhaft für Menschen sein, die noch keine Erfahrung im Pferdebesitz haben.
Durch die gemeinsame Pflege und Betreuung des Pferdes können die Teilhaber eine starke emotionale Verbindung zu dem Tier aufbauen.

2. Konfliktpotenzial:

Wie in jeder Partnerschaft können auch in einer Teilhaberschaft Konflikte auftreten. Es ist wichtig, von Anfang an klare Kommunikationswege zu etablieren und regelmäßige Treffen zu vereinbaren, um eventuelle Missverständnisse oder Meinungsverschiedenheiten zu klären.

Eine gute Zusammenarbeit und die Bereitschaft, Kompromisse einzugehen, sind entscheidend für den langfristigen Erfolg der Teilhaberschaft.

Fazit
Eine Teilhaberschaft an einem Friesen kann eine sinnvolle und attraktive Alternative zum vollständigen Kauf eines Pferdes sein. Sie bietet die Möglichkeit, die Freuden und Herausforderungen des Pferdebesitzes zu erleben, ohne die volle finanzielle und zeitliche Last alleine tragen zu müssen. Durch die gemeinsame Verantwortung und die Aufteilung der Kosten und Pflichten können die Teilhaber die Vorteile des Pferdebesitzes genießen und gleichzeitig eine ausgewogene Balance zwischen Freizeit und Verpflichtungen finden.

Mit einer sorgfältigen Planung, klaren vertraglichen Vereinbarungen und einer offenen Kommunikation kann eine Teilhaberschaft eine bereichernde und erfüllende Erfahrung sein, sowohl für die Teilhaber als auch für das Pferd.

WELCHE HALTUNG, WELCHER STALL?

Die Wahl des richtigen Stalls und der passenden Haltungsform für dein Friesenpferd ist von entscheidender Bedeutung für sein Wohlbefinden, seine Gesundheit und sein Verhalten.

Verschiedene Faktoren wie die individuellen Bedürfnisse des Pferdes, die verfügbare Infrastruktur, das örtliche Klima und die persönlichen Vorlieben des Besitzers spielen dabei eine Rolle.

Ein detaillierter Blick auf verschiedene Aspekte der Stallhaltung kann dabei helfen, die beste Entscheidung zu treffen:

Offenstallhaltung:

Die Offenstallhaltung bietet Friesenpferden eine Umgebung, die ihrem natürlichen Herdenverhalten entspricht.

In einem Offenstall haben die Pferde viel Platz zum Bewegen, Sozialkontakt mit Artgenossen und Zugang zu frischer Luft und Weidegras.

Dies ermöglicht eine natürliche Bewegung und fördert das Wohlbefinden der Pferde.

Der Offenstall eignet sich besonders gut für Friesen, die viel Bewegung und freie Bewegungsmöglichkeiten benötigen.

Aktivstallhaltung:

Ein Aktivstall ist eine moderne Stallform, die speziell darauf ausgelegt ist, den Pferden Bewegungsanreize und Beschäftigungsmöglichkeiten zu bieten.

In einem Aktivstall können Friesen verschiedene Aktivitäten wie Futter suchen, Klettern, Herumtollen und Spielen ausführen, was ihrer natürlichen Neugier und ihrem Bewegungsdrang entgegenkommt.

Die Aktivstallhaltung fördert die physische und mentale Gesundheit der Pferde und bietet ihnen eine abwechslungsreiche Umgebung.

Boxenhaltung mit täglichem Weidegang:

Wenn kein Offenstall oder Aktivstall verfügbar ist, kann eine Boxenhaltung mit täglichem Weidegang eine gute Option sein.

In einer Box hat das Friesenpferd einen geschützten Bereich zum Ausruhen und Schlafen, während der tägliche Weidegang ihm die Möglichkeit bietet, sich frei zu bewegen und frische Luft zu schnappen.

Es ist wichtig, sicherzustellen, dass die Box ausreichend groß ist, damit sich das Pferd darin frei bewegen kann, und dass es regelmäßigen Auslauf bekommt, um seine natürlichen Bedürfnisse zu befriedigen.

Stallklima und Belüftung:

Unabhängig von der Art der Stallhaltung ist ein gutes Stallklima und eine ausreichende Belüftung von entscheidender Bedeutung für das Wohlbefinden der Friesenpferde.

Der Stall sollte gut belüftet sein, um eine gute Luftzirkulation zu ermöglichen und die Bildung von Schimmel und Feuchtigkeit zu vermeiden.

Im Sommer sollte der Stall kühl und schattig sein, während er im Winter ausreichend geschützt und isoliert sein sollte, um vor Kälte und Zugluft zu schützen.

Fütterung und Tränke:

Der Stall sollte über ausreichend Futter- und Tränkemöglichkeiten verfügen, die den individuellen Bedürfnissen der Friesenpferde gerecht werden.

Frisches Wasser sollte jederzeit in ausreichender Menge zur Verfügung stehen, und das Futterangebot sollte den ernährungsphysiologischen Anforderungen entsprechen, um eine ausgewogene Ernährung sicherzustellen.

Es ist wichtig, die Fütterung auf die Bedürfnisse des einzelnen Pferdes abzustimmen und Überfütterung sowie Mangelernährung zu vermeiden.

Pflege und Unterbringung:

Ein gut gepflegter Stall mit regelmäßiger Reinigung und Desinfektion trägt zur Gesundheit und Hygiene der Friesen bei.

Der Stall sollte über ausreichend Platz für die Lagerung von Futter, Einstreu und Pflegeutensilien verfügen, und die Boxen oder Paddocks sollten regelmäßig gemistet und instand gehalten werden, um Verletzungsgefahren zu minimieren.

Eine regelmäßige Pflege wie das Bürsten des Fells, das Reinigen der Hufe und das Entfernen von Schmutz und Staub ist ebenfalls wichtig, um die Gesundheit und das Wohlbefinden der Pferde zu erhalten.

Insgesamt ist die Wahl des richtigen Stalls für deinen Friesen eine wichtige Entscheidung, die sorgfältig getroffen werden sollte, um sicherzustellen, dass das Pferd eine sichere, gesunde und artgerechte Umgebung hat, in der es sich wohl fühlen kann.
Es ist wichtig, die Bedürfnisse des Pferdes sowie die örtlichen Gegebenheiten und die persönlichen Präferenzen des Besitzers zu berücksichtigen, um die

bestmögliche Haltung und Unterbringung zu gewährleisten.

Die Auswahl des richtigen Stalls für dein Friesenpferd wird nicht nur von den Bedürfnissen des Pferdes und den örtlichen Gegebenheiten beeinflusst, sondern auch von der von dir praktizierten Reitsportart und den damit verbundenen Anforderungen.

Jede Reitsportart hat ihre eigenen spezifischen Anforderungen an die Haltung und Unterbringung der Pferde, die bei der Stallwahl berücksichtigt werden müssen.

Wenn du beispielsweise im Springreiten aktiv bist, benötigt dein Friese möglicherweise einen Stall mit ausreichend Platz für das Springtraining, einschließlich eines gut gepflegten Springplatzes oder eines Parcours.

Ein Stall in der Nähe von Reitwegen oder Geländestrecken wäre ideal für Vielseitigkeitsreiter, die gerne im Gelände trainieren.

Dressurreiter hingegen benötigen möglicherweise einen Stall mit einem großen Reitplatz und guten Bodenverhältnissen für das Dressurtraining.

Die Kosten spielen natürlich auch eine wichtige Rolle bei der Stallwahl. Ein Stall mit umfangreichen Einrichtungen und Dienstleistungen kann teurer sein als ein einfacherer Stall ohne diese Annehmlichkeiten. Es ist wichtig, die monatlichen Stallgebühren sowie eventuelle zusätzliche Kosten für Dienstleistungen wie Futter, Einstreu, Tierarzt- und Hufschmiedbesuche sowie Training und Unterricht zu berücksichtigen.

Ein weiterer Faktor bei der Stallwahl ist die Verfügbarkeit von Trainern, Ausbildern und anderen Reitsportlern, die deine Reitsportart praktizieren. Ein Stall, der eine aktive Reitsportszene hat und regelmäßig Turniere, Trainingskurse und Veranstaltungen anbietet, kann für dich und deinen Friesen von Vorteil sein, da es dir die Möglichkeit bietet, dich weiterzuentwickeln, zu trainieren und von anderen Reitern zu lernen.

Insgesamt ist die Wahl des richtigen Stalls eine individuelle Entscheidung, die von verschiedenen Faktoren abhängt, darunter die Bedürfnisse des Pferdes, die Anforderungen deiner Reitsportart, die örtlichen Gegebenheiten und die finanziellen Möglichkeiten.
Es ist wichtig, sorgfältig zu prüfen, welche Option am besten zu deinen Bedürfnissen und Zielen passt, um eine optimale Haltung und Unterbringung für dein Friesenpferd zu gewährleisten.

DIE ARBEIT EINES HUFSCHMIEDES

Die Arbeit eines Hufschmieds ist von entscheidender Bedeutung für die Gesundheit und Leistungsfähigkeit von Pferden. Ein Hufschmied ist ein Experte für die Pflege der Hufe und die Anpassung von Hufeisen, um die Hufe in einem optimalen Zustand zu halten und potenzielle Probleme zu vermeiden oder zu behandeln.

Hufpflege:

Die regelmäßige Hufpflege ist ein wesentlicher Bestandteil der Arbeit eines Hufschmieds. Dies umfasst das Ausschneiden und Formen der Hufe, um eine optimale Hufbalance und Hufmechanik zu gewährleisten. Der Hufschmied entfernt überschüssiges Horn, bearbeitet eventuelle Unregelmäßigkeiten und trimmt die Hufe so, dass sie eine gleichmäßige Belastung erhalten.

Hufbeschlag:

Ein wichtiger Teil der Arbeit eines Hufschmieds ist das Anpassen und Anbringen von Hufeisen. Je nach den Bedürfnissen des Pferdes und seiner Nutzung können verschiedene Arten von Hufeisen verwendet werden, einschließlich traditioneller Eisenhufeisen, Kunststoffbeschlägen oder speziellen Beschlagsystemen. Der Hufschmied passt die Hufeisen individuell an die Hufe des Pferdes an und befestigt sie sicher, um eine optimale Unterstützung und Dämpfung zu gewährleisten.

Behandlung von Hufproblemen:

Hufschmiede sind auch dafür verantwortlich, Hufprobleme zu erkennen und zu behandeln. Dazu gehören Probleme wie Hufabszesse, Hufrehe, Hufrolle und Hufknorpelentzündung. Der Hufschmied arbeitet eng mit Tierärzten zusammen, um die richtige Diagnose zu stellen und einen geeigneten Behandlungsplan zu entwickeln, der eine Kombination aus Hufpflege, Beschlag und medizinischer Behandlung umfassen kann.

Beratung und Schulung:

Ein erfahrener Hufschmied fungiert oft auch als Berater und Trainer für Pferdebesitzer und Reiter. Er gibt Empfehlungen zur Hufpflege, zum Hufbeschlag und zur allgemeinen Hufgesundheit und kann Schulungen und Demonstrationen zur richtigen Hufpflege und zum richtigen Umgang mit den Hufen anbieten.

Weiterbildung und Forschung:

Die Arbeit eines Hufschmieds erfordert ständige Weiterbildung und Weiterentwicklung, um mit den neuesten Entwicklungen in der Hufpflege und im Hufbeschlag Schritt zu halten. Viele Hufschmiede nehmen an Fortbildungen, Seminaren und Workshops teil und betreiben eigene Forschung, um ihr Fachwissen zu erweitern und ihre Fähigkeiten zu verbessern.

Insgesamt spielt der Hufschmied eine entscheidende Rolle bei der Erhaltung der Gesundheit und Leistungsfähigkeit von Pferden durch die richtige Pflege und Behandlung ihrer Hufe. Seine Fachkenntnisse und Fähigkeiten sind für die Sicherheit und das Wohlbefinden der Pferde unerlässlich und tragen dazu bei, dass sie ihr volles Potenzial entfalten können.

DIE GRUNDLAGEN DER PFERDEPFLEGE

Die tägliche Pflege eines Friesenpferdes umfasst mehrere wichtige Aspekte, darunter die Fütterung, die Fellpflege und die Hufpflege.

Diese grundlegenden Pflegepraktiken sind entscheidend für die Gesundheit und das Wohlbefinden des Pferdes.

Eine sorgfältige und systematische Pflege fördert nicht nur das äußere Erscheinungsbild des Pferdes, sondern spielt auch eine wesentliche Rolle bei der Vorbeugung von Krankheiten und gesundheitlichen Problemen.

Fütterung

Friesenpferde, bekannt für ihre Ausdauer und Vitalität, benötigen eine ausgewogene Ernährung, die auf ihre spezifischen Aktivitätsniveaus und gesundheitlichen Anforderungen abgestimmt ist.

Die Ernährung sollte eine angemessene Mischung aus Energie, Proteinen, Fetten, Vitaminen und Mineralstoffen enthalten, um ihren hohen Energiebedarf zu decken.

Grundnahrung:

Heu sollte den Hauptteil der Ernährung ausmachen. Hochwertiges Heu sorgt für die notwendige Faserzufuhr und unterstützt eine gesunde Verdauung. Das Heu sollte frei von Schimmel und Staub sein, um respiratorische Probleme zu vermeiden.

Kraftfutter:

Je nach Arbeitsbelastung können zusätzliche Kraftfutterrationen erforderlich sein. Diese können aus speziellen Pellets oder Mischungen bestehen, die speziell für die Ernährungsbedürfnisse von Sportpferden entwickelt wurden. Es ist wichtig, das Kraftfutter entsprechend der Arbeitslast anzupassen, um Überfütterung und daraus resultierende Gesundheitsprobleme wie Koliken oder Hufrehe zu vermeiden.

Zusätze:

Ergänzungen können notwendig sein, um sicherzustellen, dass das Friesenpferd alle notwendigen Vitamine und Mineralien erhält. Besonders in Betracht gezogen werden sollten Elektrolyte bei starker Beanspruchung und Omega-Fettsäuren zur Unterstützung von Haut und Fell.

Fellpflege

Regelmäßige Fellpflege ist nicht nur für das äußere Erscheinungsbild des Friesenpferdes wichtig, sondern fördert auch die Gesundheit der Haut und stärkt die Bindung zwischen Pferd und Reiter.

Bürsten:

Das Pferd sollte täglich gebürstet werden, um Schmutz, Staub und lose Haare zu entfernen.
Dies fördert die Durchblutung und die natürliche Ölproduktion der Haut, was zu einem glänzenden Fell beiträgt.

Baden:

Baden sollte nicht zu häufig erfolgen, da dies die natürlichen Öle der Haut entfernen kann. Bei Bedarf sollte ein mildes Pferdeshampoo verwendet werden, und das Pferd muss gründlich ausgespült werden, um Shampoorückstände zu vermeiden, die Hautirritationen verursachen können.

Mähne und Schweif:

Diese sollten regelmäßig entwirrt und gepflegt werden, um Verknotungen zu vermeiden und das Haar gesund zu halten. Spezielle Conditioner können helfen, das Haar geschmeidig zu halten und das Kämmen zu erleichtern.

Hufpflege:

Die Hufe des Friesenpferdes benötigen besondere Aufmerksamkeit, da sie die Grundlage für die Gesundheit und Leistungsfähigkeit des Pferdes darstellen.

Regelmäßiges Ausschneiden und Beschlagen:

Die Hufe sollten regelmäßig von einem qualifizierten Hufschmied gepflegt werden. Das Ausschneiden und gegebenenfalls Beschlagen sollte alle sechs bis acht Wochen erfolgen, um das Wachstum zu kontrollieren und die Hufgesundheit zu erhalten.

Tägliche Reinigung:

Die Hufe sollten täglich auf Steine, Nägel und andere Fremdkörper überprüft und gereinigt werden. Dies hilft, Hufkrankheiten wie Strahlfäule und Abszesse zu vermeiden.

Feuchtigkeitskontrolle:
Besonders in trockenen Klimazonen oder bei trockener Einstreu kann es notwendig sein, die Hufe regelmäßig zu befeuchten, um zu verhindern, dass sie spröde werden und rissig sind.

Eine umfassende tägliche Pflege ist entscheidend, um sicherzustellen, dass ein Friese gesund, leistungsfähig und zufrieden bleibt. Diese Routinen sind nicht nur für die physische Gesundheit des Pferdes wesentlich, sondern auch für die Entwicklung einer tiefen, vertrauensvollen Beziehung zwischen Pferd und Halter.

Tägliche Fellpflege.

„Frage Dich nicht, was Dein Pferd für Dich tun kann,

sondern was Du für Dein Pferd tun kannst!"

Ralf Hein

Die Pflege eines Pferdes, insbesondere eines Friesen, ist eine umfangreiche und wichtige Aufgabe, die wesentlich zur Gesundheit, zum Wohlbefinden und zur Leistungsfähigkeit des Pferdes beiträgt.

Eine adäquate Pflege umfasst eine Vielzahl von Aspekten – von der täglichen Reinigung und Fütterung bis hin zur gesundheitlichen Überwachung.

Hier finden Sie einen umfassenden Überblick über die notwendige Ausrüstung und Methoden zur Pferdepflege, speziell ausgerichtet auf die Bedürfnisse der Friesen die auch auf andere Pferderassen angewendet werden können.

Grundlegende Pflegeausrüstung

Putzzeug:

Hufkratzer:

Zur täglichen Reinigung der Hufe, um Schmutz, Steine und andere Fremdkörper zu entfernen, die zu Hufkrankheiten führen können.

Striegel und Kardätsche:

Für die tägliche Fellpflege; der Striegel löst Schmutz und tote Haut, während die Kardätsche das Fell glättet und den natürlichen Ölgehalt verteilt.

Mähnen- und Schweifbürste:

Zum Entwirren und Pflegen von Mähne und Schweif, wichtig für die Präsentation und Gesundheit dieser Haarpartien.

Schwämme und Tücher:

Für die Reinigung der Augen, Nüstern und des Genitalbereichs.

Pflegeprodukte:

Pferdeshampoo und Conditioner:

Spezielle Formulierungen für die gelegentliche gründliche Wäsche, die das natürliche Öl des Fells nicht entfernen.

Huföl oder -fett:

Zur Erhaltung der Feuchtigkeit der Hufe und Vorbeugung von Rissen.

Fliegenschutzmittel:
Um das Pferd vor Insektenstichen zu schützen, besonders wichtig in den Sommermonaten.

Ernährung und Gesundheitsmanagement

Fütterungsausrüstung:

Futtertröge und Wassereimer:

Robust und leicht zu reinigen, sollten regelmäßig desinfiziert werden, um Krankheiten vorzubeugen.

Heunetze oder Heuraufen:

Für eine gesunde Futteraufnahme und zur Reduzierung von Heuverschwendung.

Ergänzungsmittel:

Abgestimmt auf die individuellen Bedürfnisse jedes Pferdes, insbesondere bei Friesen, die für bestimmte Leistungsdisziplinen trainiert werden. Dies kann Elektrolyte, Vitamine und Minerale umfassen.

Regelmäßige Gesundheitsüberprüfungen

Regelmäßige tierärztliche Untersuchungen:
Einschließlich Impfungen, Entwurmung und allgemeiner Gesundheitschecks.

Zahnkontrolle:
Mindestens einmal jährlich, um Probleme beim Kauen und andere zahnbedingte Gesundheitsprobleme zu vermeiden.

Hufpflege:

Regelmäßige Termine beim Hufschmied sind entscheidend, da die Hufe von Friesenpferden besondere Aufmerksamkeit erfordern, um ihre Form und Funktion zu erhalten.

Spezielle Überlegungen für Friesenpferde

Friesenpferde sind bekannt für ihr üppiges Langhaar und ihre dichte Mähne, was eine regelmäßige und gründliche Pflege erforderlich macht, um Verfilzungen und Hautirritationen zu vermeiden.

Ihre sensible Natur erfordert auch eine besonders sanfte Handhabung während der Pflege und beim Training.

Zudem sind Friesen sehr menschenbezogen und benötigen viel soziale Interaktion und geistige Anregung, um glücklich zu sein.

Die Pflege eines Friesenpferdes, oder eines Pferdes allgemein, erfordert Engagement und Aufmerksamkeit für Details.

Die richtige Ausrüstung und Techniken sind entscheidend für die Aufrechterhaltung der Gesundheit und des Wohlbefindens.

Regelmäßige Pflege ist nicht nur eine Frage der Ästhetik, sondern spielt eine entscheidende Rolle für die Lebensqualität des Pferdes und seine Fähigkeit, als Reit- oder Fahrpferd zu funktionieren.

Eine gut durchdachte Pflegeroutine stärkt zudem die Bindung zwischen Pferd und Besitzer und schafft eine Grundlage für ein vertrauensvolles und effektives Arbeitsverhältnis.

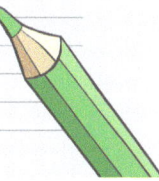

Eine tolle Mähne.

„Höre stets auf das, was dein Pferd dir mitzuteilen versucht."

Mark Rashid

STRIEGEL

MÄHNENBÜRSTE

HUFKRATZER

KARDÄTSCHE

WIE BAUE ICH VERTRAUEN AUF ZU MEINEM PFERD?

Das Vertrauen zwischen Mensch und Pferd ist die Grundlage jeder erfolgreichen Beziehung und Zusammenarbeit.

Besonders bei Friesenpferden, die für ihre Sensibilität, Intelligenz und imposante Erscheinung bekannt sind, ist der Aufbau von Vertrauen entscheidend.

Verstehen der besonderen Charaktereigenschaften eines Friesenpferdes

Friesenpferde sind eine außergewöhnliche Pferderasse, die durch ihre Intelligenz, Sensibilität, Energie und ihr ausgeprägtes Bedürfnis nach sozialer Interaktion besticht.

Diese Eigenschaften machen sie zu herausragenden Begleitern, aber auch zu einer Herausforderung, wenn es darum geht, Vertrauen aufzubauen und zu pflegen.

Intelligenz:

Friesenpferde sind sehr klug und lernen schnell. Dies erfordert eine konsequente, aber flexible Herangehensweise im Training.

Sensibilität:

Sie reagieren stark auf die Emotionen und Körpersprache ihres Besitzers. Eine ruhige und einfühlsame Kommunikation ist daher unerlässlich.

Energie:

Friesenpferde sind von Natur aus sehr energiegeladen. Regelmäßige Bewegung und geistige Stimulation sind wichtig, um ihr Wohlbefinden zu gewährleisten.

Soziale Interaktion:

Friesen haben ein starkes Bedürfnis nach sozialer Bindung und können sehr anhänglich sein. Zeit und Aufmerksamkeit sind notwendig, um eine enge Beziehung aufzubauen.

Schritt-für-Schritt-Anleitung zum Aufbau von Vertrauen

Zeit und Geduld investieren:

Vertrauen entsteht nicht über Nacht. Es erfordert Zeit, Geduld und konsequente Bemühungen. Nehmen Sie sich täglich Zeit, um mit Ihrem Pferd zu arbeiten und zu interagieren. Regelmäßige, positive Interaktionen helfen dabei, eine stabile und vertrauensvolle Beziehung aufzubauen.

Körpersprache und Kommunikation:

Ruhige Präsenz:

Ihr Pferd wird auf Ihre Körpersprache und Ihre Energie reagieren. Seien Sie ruhig, selbstbewusst und konsequent in Ihrer Körpersprache.

Klarheit:

Geben Sie klare, konsistente Signale und Anweisungen. Vermeiden Sie widersprüchliche Signale, die Ihr Pferd verwirren könnten.

Geduld:

Lassen Sie Ihrem Pferd Zeit, auf Ihre Signale zu reagieren. Drängen Sie es nicht und vermeiden Sie hektische Bewegungen.

Positive Verstärkung:

Belohnungen:

Nutzen Sie positive Verstärkung in Form von Leckerlis, Lob und Streicheleinheiten. Belohnen Sie Ihr Pferd für gewünschtes Verhalten und Fortschritte.

Lernen durch Spielen:

Integrieren Sie Spiele und abwechslungsreiche Übungen in Ihr Training, um Ihr Pferd geistig zu stimulieren und das Lernen zu fördern.

Gemeinsame Aktivitäten:

Bodenarbeit:

Bodenarbeit ist eine großartige Möglichkeit, Vertrauen aufzubauen. Arbeiten Sie an Übungen wie Führtraining, Longieren und Zirkuslektionen. Diese Aktivitäten stärken die Kommunikation und das Vertrauen zwischen Ihnen und Ihrem Pferd.

Spaziergänge:

Nehmen Sie Ihr Pferd mit auf Spaziergänge außerhalb des Reitplatzes. Dies fördert das Vertrauen und hilft Ihrem Pferd, sich an verschiedene Umgebungen zu gewöhnen.

Respekt und Führung:

Führungsrolle übernehmen:

Pferde sind Herdentiere und suchen nach einer klaren Führung. Übernehmen

Sie die Rolle des verlässlichen und fairen Anführers. Ihr Pferd wird sich sicherer fühlen, wenn es weiß, dass es sich auf Sie verlassen kann.

Respektieren Sie die Grenzen Ihres Pferdes:

Zwingen Sie Ihr Pferd nicht zu Dingen, vor denen es Angst hat. Arbeiten Sie langsam und geduldig daran, diese Ängste zu überwinden.

Regelmäßige Pflege und Kontakt:

Pflegezeit:

Nutzen Sie die Zeit beim Putzen, um eine Bindung aufzubauen. Diese ruhigen Momente stärken die Beziehung und helfen Ihrem Pferd, sich an Ihre Berührungen zu gewöhnen.

Gesundheitsvorsorge:

Regelmäßige tierärztliche Untersuchungen und eine gute Pflege zeigen Ihrem Pferd, dass Sie sich um sein Wohlbefinden kümmern.

Vermeiden Sie negative Erfahrungen:

Geduld bei Schwierigkeiten:

Wenn Ihr Pferd Schwierigkeiten hat, vermeiden Sie Bestrafungen und arbeiten Sie stattdessen daran, das Problem positiv zu lösen.

Stress reduzieren:

Vermeiden Sie stressige Situationen, die das Vertrauen Ihres Pferdes untergraben könnten. Ein ruhiges, stabiles Umfeld hilft Ihrem Pferd, sich sicher zu fühlen.

Besondere Überlegungen für Friesenpferde

Energieausgleich:

Friesenpferde benötigen viel Bewegung, um überschüssige Energie abzubauen. Stellen Sie sicher, dass Ihr Training genügend körperliche und geistige Herausforderungen bietet.

Feinfühligkeit:

Aufgrund ihrer Sensibilität reagieren Friesenpferde besonders stark auf die Stimmung und das Verhalten ihres Besitzers. Eine ruhige, einfühlsame Herangehensweise ist daher besonders wichtig.

Langsame Gewöhnung:

Friesenpferde können sich leicht erschrecken und benötigen daher eine behutsame und geduldige Einführung in neue Situationen und Umgebungen.

Fazit

Der Aufbau von Vertrauen zu einem Friesenpferd erfordert Zeit, Geduld und eine tiefe Verbindung zwischen Mensch und Pferd.

Indem Sie die besonderen Charaktereigenschaften dieser edlen Rasse berücksichtigen und sich auf eine klare, respektvolle und positive Kommunikation konzentrieren, können Sie eine starke und vertrauensvolle Beziehung zu Ihrem Pferd entwickeln.

Diese Verbindung wird nicht nur Ihre gemeinsame Zeit bereichern, sondern auch die Grundlage für ein harmonisches und erfolgreiches Miteinander schaffen.

TRAINING UND ERZIEHUNG

Das Friesenpferd ist für seine Intelligenz, Sensibilität und imposante Erscheinung bekannt.

Diese Eigenschaften machen es zu einem hervorragenden Partner für verschiedene Reitdisziplinen und Aktivitäten, erfordern jedoch einen durchdachten Ansatz in Training und Erziehung. Das Training eines Friesenpferdes sollte sorgfältig geplant und durchgeführt werden, um das Beste aus seinen natürlichen Fähigkeiten herauszuholen und gleichzeitig eine starke, vertrauensvolle Beziehung zwischen Pferd und Reiter zu fördern.

Grundlegende Trainingsprinzipien für Friesenpferde

Konsistenz und Geduld:
Friesenpferde sind außerordentlich klug und lernen schnell, sowohl gute als

auch schlechte Verhaltensweisen. Konsistentes Training ist entscheidend, um sicherzustellen, dass sie die richtigen Lektionen lernen und verstehen, was von ihnen erwartet wird. Geduld ist ebenfalls entscheidend, da überstürztes oder inkonsistentes Training zu Verwirrung und Frustration führen kann, was das Lernen und die Beziehung beeinträchtigen könnte.

Positive Verstärkung:
Friesenpferde reagieren besonders gut auf positive Verstärkung wie Lob, Streicheln und gelegentliche Leckerlis. Diese Methoden stärken die Bindung und motivieren das Pferd, sich anzustrengen und mit dem Trainer zusammenzuarbeiten. Negative Verstärkung sollte minimiert und stattdessen ein Ansatz gewählt werden, der das Pferd für korrektes Verhalten belohnt.

Individualisierte Ansätze:
Jedes Friesenpferd ist einzigartig, mit seinen eigenen Stärken und Schwächen. Trainer sollten den Trainingsansatz an das individuelle Temperament und die Lernfähigkeit des Pferdes anpassen. Einige Friesen mögen beispielsweise schneller auf visuelle oder auditive Signale reagieren als andere.

Frühe Sozialisierung:

Friesenpferde sollten frühzeitig sozialisiert werden, um eine breite Palette von Erfahrungen zu sammeln. Dies beinhaltet die Exposition gegenüber verschiedenen Umgebungen, Geräuschen und Situationen, um sicherzustellen, dass sie gut angepasste und zuverlässige Reitpartner werden.

Aufbau einer vertrauensvollen Beziehung durch Bodenarbeit und erste Reitübungen

Bodenarbeit:
Der Grundstein für eine gute Beziehung und effektives Training wird oft durch Bodenarbeit gelegt. Bodenarbeit umfasst Aktivitäten wie Führen, Longieren und desensibilisierende Übungen, die dem Pferd helfen, Vertrauen zu seinem Menschen zu entwickeln und gleichzeitig grundlegende Befehle und Verhaltensweisen zu lernen. Diese Übungen verbessern auch die Körpersprache und die Kommunikation zwischen Pferd und Mensch.

Erste Reitübungen:
Sobald eine solide Basis durch Bodenarbeit geschaffen wurde, können erste Reitübungen beginnen. Diese sollten langsam und mit klaren, einfachen Anweisungen durchgeführt werden. Es ist wichtig, mit grundlegenden Reittechniken zu beginnen, wie dem korrekten Anhalten, dem Lenken und dem

Rückwärtsrichten, bevor komplexere Lektionen eingeführt werden.

Schaffung einer Routine:
Friesenpferde profitieren von einer regelmäßigen Routine, die ihnen Sicherheit gibt und Stress reduziert.

Trainingssitzungen sollten regelmäßig, aber ohne Überforderung des Pferdes stattfinden. Die Dauer und Intensität des Trainings sollten schrittweise gesteigert werden, um das Pferd physisch und mental zu fördern, ohne es zu überlasten.

Respekt und Vertrauen:
Der Schlüssel zu einer erfolgreichen Beziehung und effektivem Training ist der gegenseitige Respekt und das Vertrauen.

Trainer und Reiter sollten stets ruhig und respektvoll mit dem Friesenpferd umgehen, um eine Atmosphäre des Vertrauens und der Sicherheit zu schaffen.

Fazit

Die Erziehung und das Training eines Friesenpferdes können eine unglaublich lohnende Erfahrung sein, die zu einer tiefen und dauerhaften Bindung führt.

Durch die Kombination von konsistentem, respektvollem Training und dem Aufbau einer starken Beziehung können Friesenpferde in einer Vielzahl von Disziplinen und Aktivitäten zu herausragenden Partnern werden.

Gegenseitiger Respekt ist wichtig!

„Ein guter Umgang mit dem Pferd ist die Voraussetzung für gutes Reiten."

-Verfasser unbekannt-

REITSTILE UND DISZIPLINEN FÜR FRIESENPFERDE

Friesenpferde sind für ihre Eleganz, Kraft und Vielseitigkeit bekannt, was sie zu hervorragenden Partnern in einer Vielzahl von Reitstilen und Disziplinen macht.

Ihre beeindruckende Erscheinung und ihr freundliches Wesen tragen dazu bei, dass sie in vielen Bereichen der Reitkunst geschätzt werden.

Hier sind einige der beliebtesten Reitstile und Disziplinen, in denen Friesenpferde erfolgreich eingesetzt werden.

Dressur:

Friesenpferde sind besonders in der Dressur herausragend. Ihre natürliche Eleganz, hohen Knieaktionen und fließenden Bewegungen machen sie zu idealen Kandidaten für diese Disziplin. In der Dressur wird die Harmonie zwischen Reiter und Pferd sowie die Präzision der Ausführung von Bewegungen betont. Friesenpferde zeichnen sich durch ihre Fähigkeit aus, komplexe Lektionen wie Piaffe, Passage und Galopp-Pirouetten zu erlernen und auszuführen.

Fahren:

Dank ihrer Stärke und Ausdauer sind Friesenpferde auch exzellente Fahrpferde. Sie werden häufig in traditionellen und modernen Fahrwettbewerben eingesetzt. Ihre beeindruckende Erscheinung und ihre Fähigkeit, schwere Kutschen zu ziehen, machen sie zu einer beliebten Wahl für das Fahren in Ein-, Zwei- oder Vierspänner-Teams. Das Fahren erfordert nicht nur körperliche Kraft, sondern auch Geschicklichkeit und eine enge Zusammenarbeit zwischen Fahrer und Pferd.

Showreiten:

Friesenpferde sind häufig in Show- und Zirkusvorstellungen zu sehen. Ihre imposante Erscheinung und ihre Fähigkeit, beeindruckende Kunststücke zu erlernen, machen sie zu einem Highlight in jeder Show. Vom Steigen und Sitzen bis hin zu komplizierten Choreografien – Friesenpferde begeistern das Publikum mit ihrer Anmut und ihrem Charme.

Shows:

In Shows, insbesondere historischen Reitvorführungen und Paraden, glänzen Friesenpferde durch ihre majestätische Erscheinung und ihre beeindruckenden Bewegungen. Ihre natürliche Eleganz und ihr schwarzes, glänzendes Fell machen sie zu perfekten Teilnehmern in Veranstaltungen, die historische oder festliche Themen haben.

Freizeit- und Wanderreiten:

Auch im Freizeitbereich sind Friesenpferde sehr beliebt. Ihr freundliches Wesen und ihre Gelassenheit machen sie zu idealen Partnern für entspannte Ausritte in der Natur.
Friesenpferde sind zuverlässig und leicht zu handhaben, was sie zu

ausgezeichneten Begleitern für Wander- und Geländeritte macht. Ihre Ausdauer und Trittsicherheit sorgen dafür, dass sie auch in anspruchsvollem Gelände gut zurechtkommen.

Barockreiten:

Friesenpferde eignen sich hervorragend für das Barockreiten, eine Disziplin, die die klassischen Reitweisen und Dressurlektionen des 16. und 17. Jahrhunderts wieder aufleben lässt. Die majestätische Erscheinung und die beeindruckenden Bewegungen der Friesen passen perfekt zu den barocken Reitweisen, die Eleganz und Anmut betonen.

Working Equitation:

Diese vielseitige Disziplin, die Dressur, Trail-Hindernisse, Rinderarbeit und Geschicklichkeitsprüfungen kombiniert, ist eine weitere Arena, in der Friesenpferde glänzen können. Ihre Intelligenz, Lernfähigkeit und Beweglichkeit machen sie zu idealen Teilnehmern in dieser anspruchsvollen Sportart, die von Pferd und Reiter hohe Geschicklichkeit und Kooperation erfordert.

Quadrille:

In der Quadrille, einer Form des synchronisierten Gruppendressurreitens, kommen die anmutigen Bewegungen und die Synchronisation der Friesenpferde besonders zur Geltung. Diese Disziplin erfordert Präzision und perfekte Abstimmung zwischen mehreren Reitern und Pferden, was durch das beeindruckende Erscheinungsbild der Friesen noch verstärkt wird.

Fazit

Friesenpferde sind aufgrund ihrer Vielseitigkeit, Intelligenz und Eleganz in vielen Reitstilen und Disziplinen erfolgreich.

Ob in der Dressur, beim Fahren, im Showreiten oder im Freizeitbereich – ihre beeindruckenden Fähigkeiten und ihre anmutige Erscheinung machen sie zu idealen Partnern für Reiter und Fahrer aller Niveaus.

Mit der richtigen Ausbildung und Pflege können Friesenpferde in einer Vielzahl von Disziplinen glänzen und ihre Talente voll entfalten.

Freizeitreiten!

„Der Weg ist das Ziel – im Leben wie im Umgang mit Pferden."

-Verfasser unbekannt-

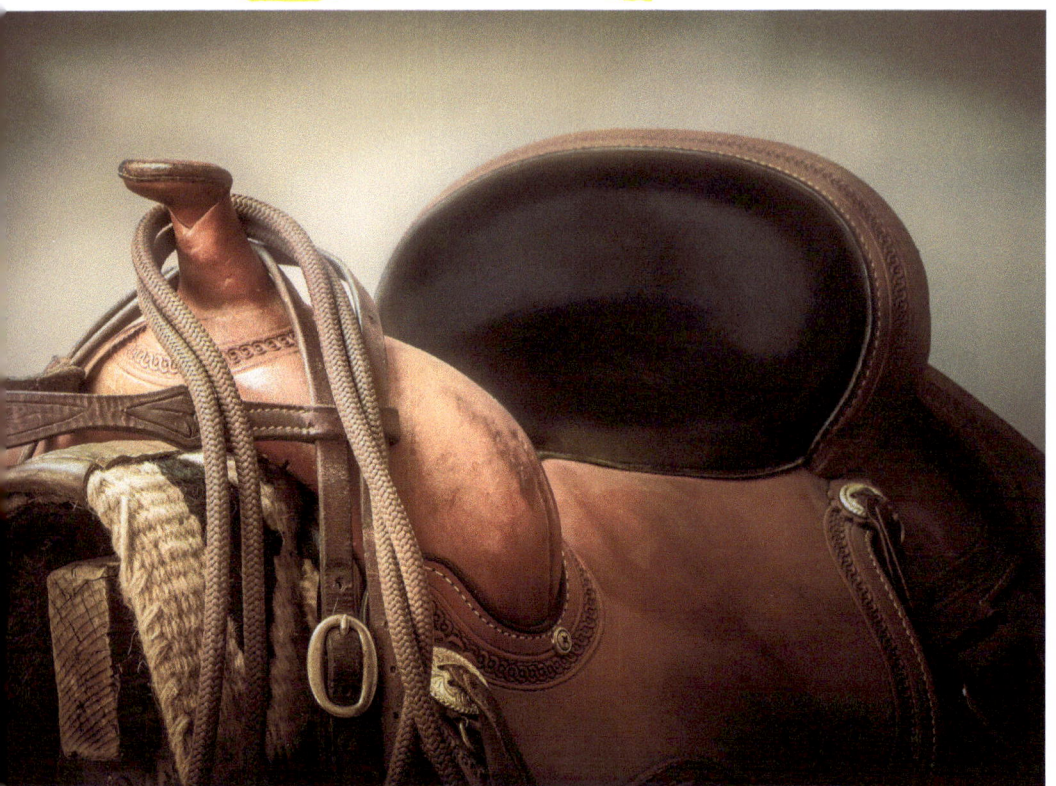

AUSRÜSTUNG UND ZUBEHÖR

Für jeden Reiter, unabhängig von der Reitdisziplin, ist die richtige Ausrüstung entscheidend, um sowohl die Sicherheit als auch den Komfort von Pferd und Reiter zu gewährleisten.

Dies gilt besonders beim Reiten von Friesenpferden, deren spezifische Körperbau- und Temperamenteigenschaften besondere Anforderungen an die Ausrüstung stellen können.

Grundlegende Ausrüstung

Sattel:

Der Sattel ist eines der wichtigsten Stücke der Reitausrüstung, da er direkt den Rücken des Pferdes berührt und großen Einfluss auf dessen Wohlbefinden und Leistung hat.

Für Friesenpferde ist es entscheidend, einen gut passenden Sattel zu wählen, der weder zu lang noch zu breit ist.

Englische Sättel sind für Disziplinen wie Dressur, Springreiten und Distanzreiten beliebt.

Sie sind leichter und bieten engen Kontakt zum Pferd, was für feine Hilfengebung wichtig ist.

Westernsättel bieten mehr Unterstützung und Gewichtsverteilung, was sie ideal für längere Rittzeiten und Westernreitdisziplinen macht.

Bei der Auswahl eines Sattels sollten Sie professionelle Beratung in Anspruch nehmen und das Pferd wenn möglich vor dem Kauf anpassen lassen.

Zaumzeug:

Das Zaumzeug muss ebenfalls gut sitzen, um Scheuerstellen und Druckpunkte zu vermeiden.

Es gibt verschiedene Arten von Zaumzeugen, die sich nach der Reitdisziplin richten:

Englische Zaumzeuge sind typisch für Dressur und Springreiten.

Sie können einfache oder doppelte Zäume beinhalten, je nach Niveau der Ausbildung des Pferdes.

Westernzaumzeuge sind oft einfacher gehalten und haben in der Regel keine Nasenriemen.

Wichtig ist, dass das Zaumzeug aus hochwertigem Leder oder einem anderen langlebigen Material gefertigt ist und regelmäßig gepflegt wird.

Schutzkleidung:

Schutzkleidung für den Reiter, wie Reithelme, Sicherheitswesten und geeignete Reitstiefel, ist essenziell, um Verletzungen vorzubeugen.

Helme sollten die aktuellen Sicherheitsstandards erfüllen und richtig sitzen.

Sicherheitswesten sind besonders im Gelände und beim Springreiten empfehlenswert.

Spezialausrüstung für verschiedene Reitdisziplinen

Distanzreiten:

Für Distanzritte sind spezielle Ausrüstungsgegenstände notwendig, um die lange Distanz für das Pferd so angenehm wie möglich zu gestalten:

Leichte Distanzsättel, die eine optimale Gewichtsverteilung bieten und dabei helfen, Druckstellen zu vermeiden.

Trinksysteme für Pferd und Reiter, um auf langen Strecken Hydration sicherzustellen.

GPS-Systeme und Pulsmesser, um die Leistung und den Gesundheitszustand des Pferdes zu überwachen.

Dressur:

In der Dressur ist Präzision entscheidend, daher sind spezielle Dressursättel so gestaltet, dass sie die korrekte Haltung unterstützen und die feine Kommunikation zwischen Reiter und Pferd erleichtern.

Dressurgerten und Sporen können als feine Hilfsmittel eingesetzt werden, um die Hilfen zu verfeinern.

Dressurzäume mit speziellen Reithalftern, die den Komfort des Pferdes bei der Arbeit im Viereck erhöhen.

Freizeitreiten:

Für das Freizeitreiten steht der Komfort im Vordergrund, daher ist einfache, aber hochwertige Ausrüstung wichtig.

Allzwecksättel, die für verschiedene Aktivitäten geeignet sind.

Wetterfeste Kleidung für Reiter, um bei allen Wetterbedingungen reiten zu können.

Halfter.

Die korrekte Ausrüstung spielt eine entscheidende Rolle für die Sicherheit und Effektivität beim Reiten und sollte sorgfältig ausgewählt und regelmäßig auf ihren Zustand überprüft werden.

Gutes Equipment ist eine Investition in die Gesundheit und das Glück Ihres Pferdes und verbessert Ihre Erfahrung und Leistung in jeglicher Reitdisziplin.

FLIEGENSCHUTZ SELBER MACHEN

Fliegen und andere Insekten können für Pferde sehr lästig sein, insbesondere um Gesicht und Augen.
Ein effektiver Fliegenschutz, der am Halfter befestigt wird, kann erheblich zur Linderung dieser Plage beitragen.
Anstatt auf kommerzielle Produkte zurückzugreifen, können Sie einen solchen Fliegenschutz ganz einfach selber machen.

Materialien

Für den selbstgemachten Fliegenschutz benötigen Sie folgende Materialien:

Feste Baumwollkordel oder Paracord: Für die Herstellung der einzelnen Fransen, die die Fliegen abhalten.

Klettverschluss: Zum Befestigen des Fliegenschutzes am Halfter.

Nähutensilien: Nadel und Faden oder eine Nähmaschine, um den Klettverschluss an den Kordeln zu befestigen.

Schere: Zum Schneiden der Kordeln.

Maßband oder Lineal: Zum Abmessen der Kordeln.

Optional: Perlen oder reflektierende Elemente: Zur Dekoration und für zusätzliche Sichtbarkeit.

Schritt-für-Schritt-Anleitung
1. Vorbereitung der Materialien

Schneiden Sie die Baumwollkordel oder das Paracord in gleich lange Stücke. Eine Länge von etwa 30-40 cm pro Kordel ist ideal, aber Sie können die Länge je nach Bedarf anpassen.
Bereiten Sie den Klettverschluss vor, indem Sie zwei Streifen zuschneiden. Die Länge sollte der Breite des Nasenriemens des Halfters entsprechen, normalerweise etwa 10-15 cm.

2. Befestigen der Kordeln

Legen Sie die geschnittenen Kordeln nebeneinander auf eine gerade Fläche. Nähen Sie eine Seite des Klettverschlusses auf die Oberseite der Kordeln. Achten Sie darauf, dass die Kordeln gleichmäßig verteilt sind und gut befestigt werden. Dies kann entweder per Hand oder mit einer Nähmaschine erfolgen.

3. Anbringen des Klettverschlusses

Nähen Sie die andere Seite des Klettverschlusses an den Nasenriemen des Halfters. Achten Sie darauf, dass der Klettverschluss sicher befestigt ist und das Gewicht der Kordeln tragen kann.
Testen Sie den Verschluss, um sicherzustellen, dass er fest sitzt und sich leicht öffnen und schließen lässt.

4. Dekorative Elemente hinzufügen (optional)

Wenn Sie möchten, können Sie Perlen oder reflektierende Elemente an den

Enden der Kordeln befestigen. Dies kann zusätzlichen Schutz bieten und die Sichtbarkeit des Pferdes erhöhen, besonders in der Dämmerung.

5. Anbringen des Fliegenschutzes am Halfter

Befestigen Sie den fertigen Fliegenschutz am Nasenriemen des Halfters, indem Sie den Klettverschluss schließen.
Stellen Sie sicher, dass die Kordeln gleichmäßig um die Nase des Pferdes fallen und ausreichend Bewegungsfreiheit bieten, ohne das Pferd zu stören.
Pflege und Wartung

Regelmäßige Kontrolle:

Überprüfen Sie den Fliegenschutz regelmäßig auf Abnutzung und stellen Sie sicher, dass alle Kordeln fest befestigt sind.

Reinigung:

Reinigen Sie den Fliegenschutz regelmäßig, um Schmutz und Schweiß zu entfernen. Handwäsche mit milder Seife und Wasser ist in der Regel ausreichend.

Lagerung: Bewahren Sie den Fliegenschutz an einem trockenen, sauberen Ort auf, wenn er nicht in Gebrauch ist.

Vorteile des selbstgemachten Fliegenschutzes

Kostengünstig: Die Materialien sind preiswert und leicht zu beschaffen.

Anpassbar: Sie können Länge und Anzahl der Kordeln sowie dekorative Elemente nach Ihren Wünschen anpassen.

Nachhaltig: Durch die Verwendung umweltfreundlicher Materialien und die Vermeidung von Einwegprodukten tragen Sie zur Nachhaltigkeit bei.

Individuell: Ein selbstgemachter Fliegenschutz kann genau an die Bedürfnisse Ihres Pferdes angepasst werden und bietet eine persönliche Note.

Fazit

Ein selbstgemachter Fliegenschutz für das Halfter Ihres Pferdes ist eine praktische und effektive Lösung, um Fliegen und andere Insekten fernzuhalten. Mit einfachen Materialien und ein wenig handwerklichem Geschick können

Sie einen maßgeschneiderten Schutz herstellen, der nicht nur funktional, sondern auch ansprechend ist.

Indem Sie den Fliegenschutz regelmäßig überprüfen und pflegen, stellen Sie sicher, dass Ihr Pferd den ganzen Sommer über komfortabel und geschützt ist.

Pferdefliegen und Bremsen sind häufige Plagegeister für Pferde, insbesondere in den warmen Sommermonaten.

Diese Insekten sind nicht nur lästig, sondern können auch gesundheitliche Probleme verursachen. Pferdefliegen, auch bekannt als Pferdebremsen, sind große, fliegende Insekten, die schmerzhafte Bisse verursachen, da sie sich von Blut ernähren. Ihre Bisse können zu Reizungen, Hautinfektionen und in einigen Fällen auch zu allergischen Reaktionen führen.

Bremsen sind besonders an warmen, sonnigen Tagen aktiv und bevorzugen es, sich an feuchten Orten wie nahe gelegenen Wasserstellen aufzuhalten. Sie werden durch Bewegung, Wärme und den Geruch von Schweiß angezogen, was Pferde zu idealen Zielen macht.

Schutzmaßnahmen:

Fliegendecken und Masken: Diese bieten einen physischen Schutz vor Insekten und sind besonders effektiv, um den empfindlichen Kopf- und Halsbereich zu schützen.

Fliegensprays: Regelmäßiges Auftragen von Insektenschutzmitteln kann helfen, Pferdefliegen und Bremsen fernzuhalten. Natürliche und chemische Sprays stehen zur Auswahl.

Stallhygiene: Eine saubere Umgebung, frei von stehenden Gewässern und Mist, reduziert die Anziehungskraft für Insekten.

Insektenschutz im Stall: Netzvorhänge und Insektenschutzmittel für Ställe können die Anzahl der Insekten in der Umgebung verringern.

Indem Sie diese Maßnahmen ergreifen, können Sie den Komfort und das Wohlbefinden Ihres Pferdes erheblich verbessern und es vor den lästigen und potenziell schädlichen Bissen von Pferdefliegen und Bremsen schützen.

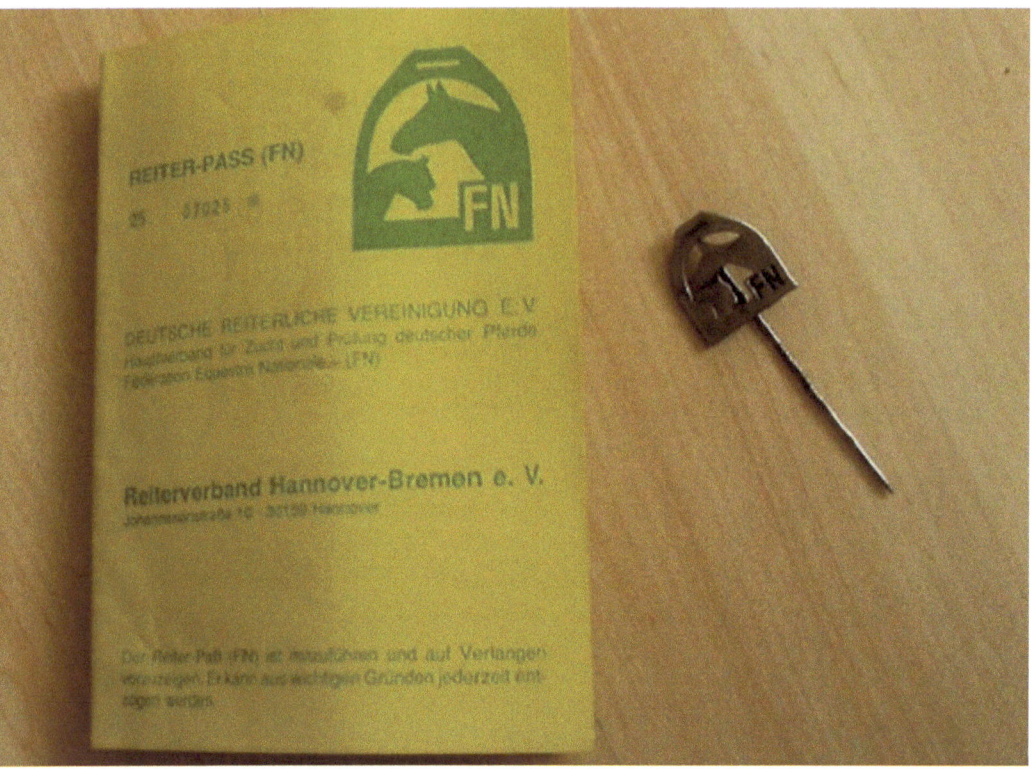

DER REITERPASS

Der Reiterpass, ein offizieller Nachweis reiterlicher Fähigkeiten, ist in vielen Ländern ein bekanntes und anerkanntes Zertifikat, das von Reitverbänden ausgestellt wird.

Er dient dazu, das Grundwissen und die Grundfertigkeiten im Umgang mit Pferden sowie das sichere Reiten in verschiedenen Situationen zu bescheinigen.

Die Entscheidung, ob man einen Reiterpass erwerben sollte oder nicht, hängt von verschiedenen Faktoren ab, einschließlich der persönlichen Reitambitionen, der Anforderungen des jeweiligen Reitclubs oder Verbandes und der allgemeinen Sicherheitsstandards.

Im Folgenden werden einige Argumente für und gegen den Erwerb eines

Reiterpasses erörtert.

Vorteile des Reiterpasses

Sicherheitsbewusstsein:

Der Reiterpass legt einen starken Fokus auf Sicherheit beim Reiten und im Umgang mit Pferden. Die Ausbildung für den Reiterpass umfasst in der Regel Themen wie das korrekte Führen, Satteln und Trensen sowie sicheres Reiten in der Halle, auf dem Platz und im Gelände.

Dieses Wissen kann entscheidend sein, um Unfälle zu vermeiden und das Wohlbefinden von Reiter und Pferd zu gewährleisten.

Fundierte Grundausbildung:

Durch die Vorbereitung auf den Reiterpass erhalten Reiter eine umfassende Grundausbildung in verschiedenen Aspekten des Reitsports.

Dazu gehören unter anderem die korrekte Reitweise, die Pflege des Pferdes und die Kenntnis von Gangarten und Hufschlagfiguren.

Diese fundierte Ausbildung kann die Reittechnik verbessern und das Verständnis und die Kommunikation zwischen Pferd und Reiter fördern.

Zugang zu Wettbewerben und Veranstaltungen:

In vielen Fällen ist der Reiterpass eine Voraussetzung für die Teilnahme an Turnieren und anderen reitsportlichen Veranstaltungen.

Der Pass kann somit Türen zu neuen Herausforderungen und Erfahrungen im Reitsport öffnen.

Persönliche Bestätigung und Motivation:

Das Bestehen der Prüfung zum Reiterpass kann ein wichtiger Meilenstein in der Reitkarriere sein und als persönliche Bestätigung der eigenen Fähigkeiten dienen.

Es kann auch ein motivierender Faktor sein, sich weiterzubilden und höhere Qualifikationen wie den Reiternadel oder das Reitabzeichen anzustreben.

Nachteile des Reiterpasses

Kosten und Zeitaufwand:

Die Vorbereitung auf den Reiterpass kann sowohl zeit- als auch kostenintensiv sein.

Kurse, Prüfungsgebühren und eventuell zusätzliche Trainingsstunden können eine erhebliche finanzielle Belastung darstellen.

Stress und Druck:

Die Prüfungssituation kann für einige Reiter Stress und Druck bedeuten, besonders wenn sie Prüfungsangst haben oder sich unsicher fühlen.

Dies kann das Erlebnis weniger erfreulich machen und im schlimmsten Fall sogar die Freude am Reiten mindern.

Mögliche Einschränkung der Vielseitigkeit:

Während der Fokus auf bestimmte Lehrinhalte für die Prüfung wichtig ist, kann er manchmal dazu führen, dass andere, ebenfalls wertvolle Fähigkeiten und Kenntnisse vernachlässigt werden.

Einige Reiter könnten sich zu sehr auf das Bestehen der Prüfung konzentrieren, statt ihre Fähigkeiten umfassend zu entwickeln.

Ob ein Reiterpass erstrebenswert ist oder nicht, hängt letztlich von den individuellen Zielen und Umständen des Reiters ab.

Für diejenigen, die eine solide Grundausbildung anstreben, Zugang zu Turnieren suchen oder einfach ihre Fähigkeiten offiziell bestätigen lassen möchten, kann der Reiterpass eine wertvolle Investition sein.

Für Freizeitreiter, die weniger Wert auf formale Qualifikationen legen oder denen die Kosten und der Aufwand zu hoch sind, mag der Reiterpass weniger relevant sein. In jedem Fall ist es wichtig, dass die Entscheidung wohlüberlegt ist und die Freude am Reiten und der Umgang mit dem Pferd im Vordergrund stehen.

FORTGESCHRITTENE REITTECHNIKEN

Fortgeschrittene Reittechniken und spezialisierte Trainingsansätze können dazu beitragen, die Fähigkeiten und das Verständnis sowohl des Reiters als auch des Pferdes zu vertiefen.

Diese Techniken sind nicht nur darauf ausgerichtet, die Leistung in Wettbewerben zu verbessern, sondern auch das Reiterlebnis im Allgemeinen zu bereichern und sicherer zu machen.

Zudem bieten sie Möglichkeiten, die Kommunikation und das Vertrauen zwischen Reiter und Pferd zu stärken.

Vertiefung in speziellere Reittechniken und Trainingsansätze

Lektionen der höheren Dressur:

Piaffe und Passage:

Diese anspruchsvollen Dressurlektionen erfordern ein hohes Maß an Kontrolle, Gleichgewicht und feiner Kommunikation zwischen Reiter und Pferd.

Sie helfen, die Tragkraft und die Versammlung des Pferdes zu verbessern.

Fliegende Wechsel:

Diese Technik, bei der das Pferd im Galopp die Richtung und damit das führende Bein wechselt, ist grundlegend für fortgeschrittene Dressur und Springreiten.

Die korrekte Ausführung erfordert präzise Timing und klare Hilfen.

Verfeinerte Hilfengebung:

Die Verfeinerung der Hilfen, einschließlich Gewichts-, Schenkel- und Zügelhilfen, ist entscheidend, um eine präzisere Kommunikation mit dem Pferd zu erreichen.

Fortgeschrittene Reiter arbeiten daran, ihre Hilfen so unauffällig und effektiv wie möglich zu gestalten.

Springtechniken:

Ansatz und Absprung:

Erfahrene Springreiter fokussieren sich auf die Optimierung des Ansatzes zu einem Hindernis und das Timing des Absprungs, um die Belastung für das Pferd zu minimieren und die Erfolgsquote zu erhöhen.

Rückwärtsrichten und Seitengänge:

Diese Techniken sind nicht nur in der Dressur, sondern auch für Springreiter nützlich, um die Manövrierfähigkeit und die Reaktionsfähigkeit des Pferdes zu verbessern.

Tipps für das Reiten in verschiedenen Umgebungen und bei unterschiedlichen Wetterbedingungen
Reiten im Gelände:

Beim Ausreiten im Gelände sollte besonderes Augenmerk auf die Wegbeschaffenheit gelegt werden. Sicherheitsausrüstung ist unerlässlich, und das Pferd sollte auf unebenes Terrain vorbereitet sein.

Es ist wichtig, das Pferd langsam an neue Umgebungen zu gewöhnen, insbesondere wenn es ungewohnte Reize wie Wasser, dichte Wälder oder steile Anstiege gibt.

Reiten bei kaltem Wetter:

Bei Kälte ist es besonders wichtig, das Aufwärmen nicht zu vernachlässigen. Ein gründliches Aufwärmen hilft, Muskelverletzungen zu vermeiden und sorgt dafür, dass das Pferd effektiv arbeiten kann.

Nach dem Reiten sollte das Pferd trocken und warm gehalten werden, um ein Auskühlen zu verhindern, besonders wenn das Fell nass geworden ist.
Reiten bei heißem Wetter:

Im Sommer muss auf ausreichende Hydration und Pausen geachtet werden, um Überhitzung zu vermeiden. Leichte, atmungsaktive Ausrüstung kann sowohl für Reiter als auch für das Pferd von Vorteil sein.

Es ist ratsam, die intensivsten Trainingseinheiten in die kühleren Morgen- oder Abendstunden zu legen.

Reiten in städtischen oder belebten Gebieten:

In Gebieten mit starkem Verkehr oder vielen externen Störungen ist es wichtig, dass das Pferd gut im Straßenverkehr trainiert ist.

Sicherheitsausrüstung wie reflektierende Kleidung ist sowohl für das Pferd als auch für den Reiter empfehlenswert.

Das Training sollte schrittweise erfolgen, beginnend in ruhigeren Gebieten, um das Pferd langsam an städtische Bedingungen zu gewöhnen.

VERSCHIEDENE REITSPORTARTEN

Reitsport ist eine faszinierende und vielseitige Disziplin, die sowohl den Reiter als auch das Pferd in vielen verschiedenen Bereichen herausfordert und bereichert.

Von der Dressur bis zum Westernreiten, jede Reitsportart hat ihre eigenen Besonderheiten, Regeln und Anforderungen. Hier ist ein ausführlicher Überblick über die wichtigsten Reitsportarten, die weltweit praktiziert werden.

Dressur

Beschreibung: Die Dressur, oft als „Kunst des Reitens" bezeichnet, konzentriert sich auf die präzise und harmonische Ausführung von Bewegungen zwischen Pferd und Reiter. Ziel ist es, das Pferd so zu trainieren, dass es auf minimale Signale des Reiters reagiert und verschiedene komplexe Manöver mit Leichtigkeit und Eleganz ausführt.

Wettbewerbsformen:

Grand Prix: Die höchste Stufe der Dressur, bei der Pferd und Reiter eine festgelegte Folge von hochkomplexen Bewegungen vorführen.
Freestyle (Kür): Eine kreative Variante, bei der die Reiter ihre Routine zu Musik choreografieren und dabei bestimmte Pflichtfiguren einbauen.
Bewertungskriterien: Harmonie zwischen Reiter und Pferd, Genauigkeit der Bewegungen, Ausdruck und Rhythmus.

Springreiten

Beschreibung: Das Springreiten ist eine aufregende und dynamische Disziplin, bei der Pferd und Reiter eine Reihe von Hindernissen in einem Parcours überwinden müssen. Die Hindernisse können verschiedene Höhen und Weiten haben und erfordern sowohl Präzision als auch Geschwindigkeit.

Wettbewerbsformen:

Einzelwettbewerbe: Reiter und Pferd absolvieren den Parcours und versuchen, fehlerfrei und in möglichst kurzer Zeit zu bleiben.
Mannschaftswettbewerbe: Teams aus mehreren Reitern treten gegeneinander an, wobei die Gesamtleistung des Teams zählt.
Bewertungskriterien: Strafpunkte für Abwurf von Hindernissen, Zeitstrafen und Verweigerungen.

Vielseitigkeitsreiten (Eventing)

Beschreibung: Vielseitigkeitsreiten kombiniert Dressur, Geländeritt und Springreiten in einem einzigen Wettbewerb. Diese Disziplin testet die Vielseitigkeit, Ausdauer und das Können von Pferd und Reiter.

Wettbewerbsformen:

Dressurprüfung: Ähnlich wie in der reinen Dressur, jedoch weniger komplex.
Geländeritt (Cross-Country): Ein Ausdauer- und Geschicklichkeitsritt über natürliche und künstliche Hindernisse in freiem Gelände.
Springprüfung: Ein Parcours ähnlich dem reinen Springreiten, aber mit dem Fokus auf die Frische und Genauigkeit nach dem Geländeritt.

Bewertungskriterien: Kombination der Punktzahlen aus allen drei Disziplinen, Strafpunkte für Zeitüberschreitungen und Fehler.

Westernreiten

Beschreibung: Westernreiten hat seinen Ursprung in den Arbeitsreitstilen der amerikanischen Cowboys. Diese Disziplin zeichnet sich durch eine entspannte Sitzhaltung und die Nutzung von Westernsätteln und -ausrüstungen aus.

Wettbewerbsformen:

Reining: Eine Disziplin, die präzise und schnelle Manöver wie Spins, Sliding Stops und Rollbacks umfasst.
Western Pleasure: Pferde werden auf ihre Fähigkeit beurteilt, ruhig und entspannt verschiedene Gangarten auszuführen.
Cutting: Das Trennen eines einzelnen Rindes von der Herde, bei dem das Pferd seine Instinkte und Beweglichkeit zeigt.
Trail: Ein Hindernisparcours, der alltägliche Situationen auf der Ranch simuliert.
Bewertungskriterien: Präzision, Geschmeidigkeit der Bewegungen, Gehorsam und Stil.

Dressur-Reining (Western-Dressur):
Beschreibung: Eine Mischung aus klassischen Dressur- und Westernreitstilen, bei der Elemente aus beiden Disziplinen kombiniert werden.

Wettbewerbsformen:

Pattern-Riding: Pferd und Reiter führen festgelegte Muster aus, die sowohl Western- als auch Dressurelemente enthalten.
Freestyle: Eine kreative Darstellung zu Musik, die Western- und Dressurbewegungen kombiniert.
Bewertungskriterien: Harmonie, Ausdruck und technische Ausführung der Bewegungen.

Distanzreiten

Beschreibung: Distanzreiten ist ein Ausdauersport, bei dem Pferd und Reiter lange Strecken über unterschiedlichstes Gelände zurücklegen. Streckenlängen variieren und können bis zu 160 km an einem Tag betragen.

Wettbewerbsformen:

Limited Distance: Wettbewerbe über kürzere Strecken, typischerweise zwischen 40 und 80 km.
Endurance Rides: Längere Wettbewerbe, die über 100 km und mehr gehen.
Bewertungskriterien: Geschwindigkeit und Zustand des Pferdes werden bewertet. Regelmäßige Tierarztkontrollen stellen sicher, dass das Pferd gesund und fit bleibt.

Polo

Beschreibung: Polo ist ein Teamsport, bei dem vier Reiter pro Team auf einem großen Feld gegeneinander antreten und versuchen, mit einem langen Schläger einen Ball ins Tor des gegnerischen Teams zu schlagen.

Wettbewerbsformen:

Outdoor Polo: Gespielt auf einem großen Feld, normalerweise mit vier Spielern pro Team.
Arena Polo: Gespielt in einer kleineren, ummauerten Arena, oft mit drei Spielern pro Team.
Bewertungskriterien: Tore und Teamkoordination.

Voltigieren

Beschreibung: Voltigieren ist eine Kombination aus Turnen und Akrobatik auf dem Rücken eines sich bewegenden Pferdes. Es wird oft in Teams durchgeführt, kann aber auch als Einzel- oder Pas-de-Deux (Doppelvoltigieren) praktiziert werden.

Wettbewerbsformen:

Einzelvoltigieren: Einzelne Voltigierer führen eine festgelegte Kür auf dem Pferderücken aus.
Gruppenvoltigieren: Teams aus mehreren Voltigierern führen koordinierte Bewegungen aus.
Pas-de-Deux: Zwei Voltigierer arbeiten zusammen und führen synchronisierte Bewegungen aus.
Bewertungskriterien: Schwierigkeitsgrad, Ausführung, Kreativität und Harmonie mit dem Pferd.

Fahrturniere

Beschreibung: Beim Fahren sitzt der Fahrer auf einem Wagen oder einer Kutsche und lenkt das Pferd oder die Pferde durch verschiedene Aufgaben und Prüfungen.

Wettbewerbsformen:

Dressurfahren: Präzise Ausführung von Bewegungen im Viereck, ähnlich der Dressur beim Reiten.
Geländefahren: Ein Marathon durch anspruchsvolles Gelände mit Hindernissen.
Hindernisfahren: Ein Parcours mit Kegeln und Bällen, die umfahren werden müssen.
Bewertungskriterien: Präzision, Geschwindigkeit, Geschicklichkeit und Harmonie zwischen Fahrer und Pferden.

Horseball

Beschreibung: Horseball ist eine Mannschaftssportart, die Elemente aus Basketball und Rugby kombiniert und auf Pferden gespielt wird. Teams versuchen, den Ball in das gegnerische Tor zu werfen.

Wettbewerbsformen:

Standardspiele: Zwei Teams mit jeweils vier Reitern treten gegeneinander an.
Bewertungskriterien: Tore, Teamkoordination und Geschicklichkeit.

Gymkhana

Beschreibung: Gymkhana besteht aus einer Reihe von Geschicklichkeitsspielen und Rennen, die auf Zeit und Genauigkeit basieren. Diese Spiele testen die Agilität und die Zusammenarbeit zwischen Pferd und Reiter.

Wettbewerbsformen:

Fassrennen: Ein Rennen um aufgestellte Fässer.
Stangenrennen: Ein Slalomrennen durch eine Reihe von Stangen.
Eierlauf: Ein Geschicklichkeitsspiel, bei dem der Reiter ein Ei auf einem Löffel balanciert, während er reitet.
Bewertungskriterien: Geschwindigkeit, Genauigkeit und Geschicklichkeit.

Fazit

Reitsportarten sind vielfältig und bieten für jeden Pferdeliebhaber eine passende Disziplin, egal ob es um Präzision, Geschwindigkeit, Ausdauer oder Geschicklichkeit geht.

Jede Reitsportart hat ihre eigenen Regeln, Techniken und Besonderheiten, die sowohl für Pferd als auch für Reiter herausfordernd und erfüllend sind.

Von der eleganten Dressur bis zum spannenden Springreiten, von den traditionsreichen Westernreitdisziplinen bis zum modernen Polo – der Reitsport bietet eine reiche Palette an Möglichkeiten, die Bindung zwischen Mensch und Pferd zu vertiefen und die gemeinsamen Fähigkeiten zu fördern.

Fahrturnier.

FRIESENPFERDE IM FAHRSPORT

Friesenpferde sind bekannt für ihre beeindruckende Erscheinung, ihre kraftvollen Bewegungen und ihre vielseitigen Fähigkeiten.

Diese Eigenschaften machen sie zu idealen Kandidaten für den Fahrsport, eine Disziplin, in der Pferde Kutschen oder Wagen ziehen und in verschiedenen Prüfungen und Wettbewerben ihre Stärke, Ausdauer und Geschicklichkeit unter Beweis stellen.

Der Fahrsport ist ein anspruchsvolles und vielseitiges Betätigungsfeld, in dem Friesenpferde besonders glänzen können.

Eigenschaften der Friesen für den Fahrsport
Kraft und Ausdauer:
Friesenpferde verfügen über eine natürliche Stärke und Ausdauer, die sie zu

hervorragenden Fahrpferden machen. Ihre muskulösen Körper und ihre robuste Konstitution ermöglichen es ihnen, schwere Kutschen zu ziehen und lange Distanzen zurückzulegen, ohne dabei an Eleganz zu verlieren.

Eleganz und Präsenz:

Die majestätische Erscheinung der Friesenpferde zieht in jedem Wettbewerb die Blicke auf sich. Ihre hohe Knieaktion und ihre anmutigen Bewegungen verleihen ihnen eine besondere Eleganz, die im Fahrsport besonders geschätzt wird. Diese optischen Vorzüge machen sie zu Publikumslieblingen bei Paraden und Showveranstaltungen.

Ruhiges Temperament:

Friesenpferde sind für ihr ruhiges und gelassenes Temperament bekannt. Diese Eigenschaft ist im Fahrsport von unschätzbarem Wert, da sie es den Pferden ermöglicht, auch in stressigen und lauten Umgebungen ruhig und konzentriert zu bleiben. Ihr ausgeglichenes Wesen macht sie zu zuverlässigen Partnern im Wettkampf.

Disziplinen im Fahrsport

Dressurfahren:

Beim Dressurfahren geht es darum, dass Pferd und Fahrer verschiedene Lektionen und Figuren präzise und harmonisch ausführen. Friesenpferde brillieren in dieser Disziplin durch ihre beeindruckenden, fließenden Bewegungen und ihre Fähigkeit, anspruchsvolle Dressuraufgaben zu meistern. Die elegante Präsentation der Friesenpferde trägt wesentlich zur Gesamtwirkung der Vorführung bei.

Hindernisfahren:
Diese Disziplin erfordert Geschicklichkeit und Schnelligkeit. Pferd und Fahrer müssen einen Parcours mit verschiedenen Hindernissen wie Pylonen, Toren und engen Kurven bewältigen. Friesenpferde überzeugen hier durch ihre Wendigkeit und ihre präzisen Bewegungen.

Ihre Fähigkeit, schnell zu reagieren und sich elegant durch die Hindernisse zu bewegen, macht sie zu starken Konkurrenten im Hindernisfahren.

Marathonfahren:

Das Marathonfahren ist die anspruchsvollste Disziplin im Fahrsport. Es kombiniert Geschwindigkeit, Ausdauer und Geschicklichkeit, während die Pferde über lange Strecken fahren und verschiedene Geländehindernisse überwinden müssen. Friesenpferde zeigen in dieser Disziplin ihre beeindruckende Ausdauer und ihre Fähigkeit, auch unter schwierigen Bedingungen Höchstleistungen zu erbringen.
Ihr starkes und belastbares Wesen macht sie zu idealen Partnern für diese herausfordernde Aufgabe.

Bekannte Wettbewerbe und Turniere
Fryso Bokaal:
Die Fryso Bokaal ist ein bedeutender Wettbewerb, bei dem Friesenpferde in verschiedenen Disziplinen, einschließlich des Fahrens, antreten. Hier können die besten Friesenpferde ihr Können zeigen und sich mit anderen messen.

Friesian Horse Festival:
Dieses Festival bietet eine Bühne für die besten Friesenpferde der Welt, um in verschiedenen Disziplinen, darunter auch das Fahren, anzutreten. Es zieht Teilnehmer und Zuschauer aus der ganzen Welt an und feiert die Vielseitigkeit und Schönheit der Friesenpferde.

KFPS Hengstenkeuring:
Die Hengstenkeuring ist eine jährliche Veranstaltung, bei der die besten Friesenhengste bewertet und ausgezeichnet werden. Neben der Zuchtschau werden auch Fahrprüfungen durchgeführt, bei denen die beeindruckenden Fähigkeiten der Friesen im Fahrsport gezeigt werden.

Erfolgreiche Friesen im Fahrsport

Mintse 384 ist ein berühmter Friesenhengst, der sowohl in der Dressur als auch im Fahren große Erfolge gefeiert hat. Seine Vielseitigkeit und seine beeindruckenden Leistungen haben ihn zu einem der herausragendsten Friesenpferde gemacht.

Ulke 338 ist ein weiterer erfolgreicher Friesenhengst, der im Fahrsport besonders brilliert hat. Seine Stärke und Ausdauer machten ihn zu einem herausragenden Teilnehmer in internationalen Wettbewerben.

Fazit

Friesenpferde sind aufgrund ihrer Kraft, Ausdauer und Eleganz ideale Partner im Fahrsport. Sie brillieren in verschiedenen Disziplinen wie Dressurfahren, Hindernisfahren und Marathonfahren.

Bekannte Wettbewerbe wie die Fryso Bokaal und das Friesian Horse Festival bieten ihnen die Bühne, um ihre beeindruckenden Fähigkeiten zu zeigen.

Erfolgreiche Friesenpferde wie Mintse 384 und Ulke 338 haben die Rasse international bekannt gemacht und zeigen, dass Friesenpferde im Fahrsport eine bedeutende Rolle spielen. Ihre beeindruckende Präsenz und ihre Bereitschaft zur Zusammenarbeit machen sie zu wahren Juwelen im Fahrsport.

Herausragende Kutschpferde.

VERSCHIEDENE BAHNFIGUREN

Bahnfiguren, auch Hufschlagfiguren genannt, sind festgelegte Lauflinien für Pferde in einer Reitbahn, die der Gymnastizierung des Pferdes und der Abstimmung der Kommunikation zwischen Reiter und Pferd dienen.

Dies geschieht über die sogenannten Hilfen, v. a. Zügel-, Schenkel- und Gewichtshilfen. Da die meisten Hufschlagfiguren national und international vereinheitlicht sind, dienen sie auch als Kurzangaben bei der Beschreibung von Lauflinien, bei der Angabe von geforderten Aufgaben auf Reitturnieren oder beim Reitunterricht.

Anhand der Bahnfiguren kann die Durchlässigkeit und auch die Längsbiegung überprüft und verbessert werden.

Folgende Bahnfiguren sind in der klassischen Reitkunst gebräuchlich:

Ganze Bahn
Ganze Bahn ist die einfachste Hufschlagfigur. Es wird immer an der Bande entlang (am Hufschlag) geritten und somit die ganze Bahn umkreist.

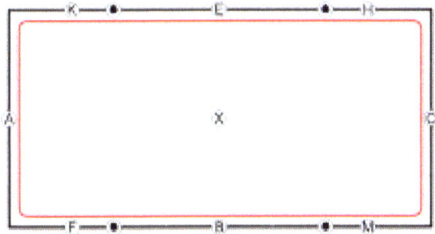

Halbe Bahn
Bei der halben Bahn wird bei Bahnpunkt B oder E (siehe Dressurviereck), in der Mitte der langen Seite (des Bahnrechtecks), im rechten Winkel abgewendet und geradeaus auf die andere Seite geritten. Die „Hand" wird dabei nicht gewechselt. (Linke Hand meint z. B., dass linksherum geritten wird, also links innen ist, rechte Hand analog.)

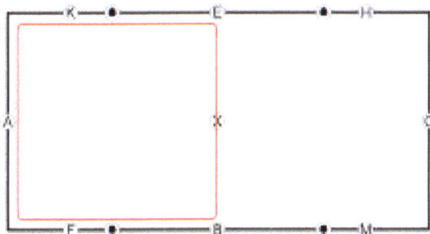

Durch die ganze Bahn wechseln
Bei dieser Figur durchquert der Reiter die Reitbahn auf gerader Linie von einer Ecke, genauer: vom Wechselpunkt nach Durchreiten der Ecke, in die diagonal gegenüberliegende Ecke, genauer gesagt: zum Wechselpunkt vor der diagonal gegenüberliegenden Ecke.

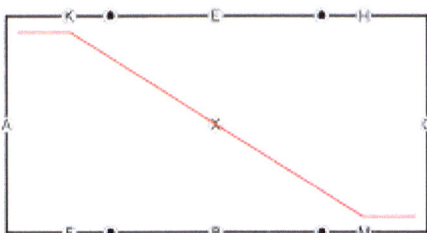

Durch die halbe Bahn wechseln

Diese Figur ähnelt der vorherigen, jedoch wird die gegenüberliegende lange Seite nicht am Wechselpunkt, sondern mittig erreicht und dort wieder auf den Hufschlag abgewendet.

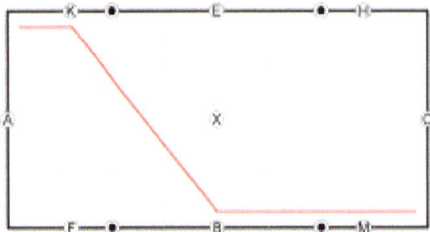

Durch die Länge der Bahn wechseln

Hierbei wird die Bahn parallel zur langen Seite von der Mitte der einen kurzen Seite zur Mitte der gegenüberliegenden kurzen Seite durchquert. Der Reiter wendet Mitte der kurzen Seite ab, reitet über den Mittelpunkt der Bahn und wendet an der gegenüberliegenden kurzen Seite wieder auf den Hufschlag (Reiten) ab.

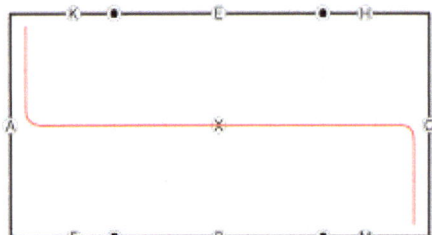

Durch die Länge der Bahn geritten

Mitte der kurzen Seite, bei Bahnpunkt A oder C wird auf die Mittellinie abgewendet und geradeaus auf die andere kurze Seite geritten. Dort wieder auf die gleiche Hand abgewendet also nicht die Hand gewechselt.

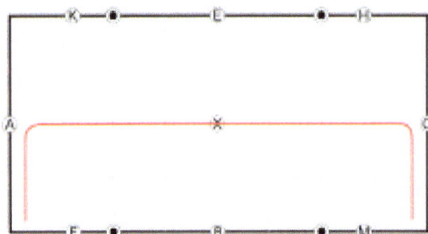

Aus der Ecke kehrt/Aus der Mitte kehrt

Auf der linken Hand bei Bahnpunkt K oder M, und auf der rechten Hand bei H oder F. In die Ecke wird eine (knappe) Dreiviertel-Volte von 6–10 Meter Durchmesser geritten, danach mit geradegestelltem Pferd in schrägem Winkel zum Hufschlag zurück. Je nach Ausbildungsstand von Pferd und Reiter wird die Dreiviertel-Volte weiter oder enger geritten werden; dann endet die Figur entsprechend früher oder später zwischen Zirkelpunkt und Mitte der langen Seite – die gerade auslaufende Strecke endet im 30- bis 45-Grad-Winkel auf den Hufschlag.

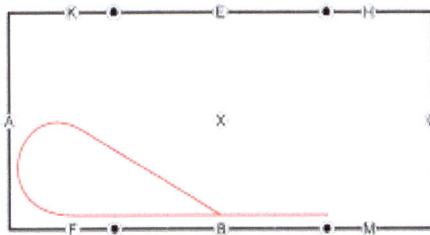

Zirkel

Der Zirkel ist eine kreisförmige Bahnfigur. Der normale Zirkel von 20 m Durchmesser, bei einer Bahn von 20 × 40 m in jeder Bahnhälfte einer, berührt an drei Punkten den Hufschlag (Reiten), und zwar Mitte der kurzen Seite sowie an den sogenannten Zirkelpunkten, die an den langen Seiten der Bahn in der Entfernung aus den Ecken liegen wie die halbe kurze Seite lang ist.

Der vierte Punkt liegt auf der Mittellinie, im Bahnmittelpunkt. Man spricht dabei von der offenen und der geschlossenen Zirkelseite; die offene ist der Halbkreis, der nicht die kurze Seite berührt, der geschlossene der diesem gegenüber liegende. Ebenfalls üblich ist der Mittelzirkel, bei dem der Hufschlag nur an den beiden Punkten Mitte der langen Seiten erreicht wird und das Zentrum im Mittelpunkt der Reitbahn liegt.

In der Schweiz wird der Ausdruck Zirkel nicht verwendet. Jeder auszuführende Kreis wird als Volte bezeichnet. Im Dressurprogramm wird der Punkt des Beginns und der Durchmesser angegeben.

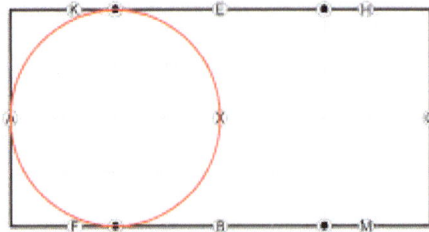

Aus dem Zirkel wechseln

Hierbei wird auf einem Zirkel geritten und Mitte der offenen Zirkelseite ein Handwechsel durchgeführt (beim Viereck 20 × 40 m also über dem Mittelpunkt der Bahn), um dann auf der anderen Hand ebenfalls einen Zirkel zu reiten. Es werden also zwei Zirkel durchritten, die sich nur an einem Punkt Mitte der Bahn berühren.

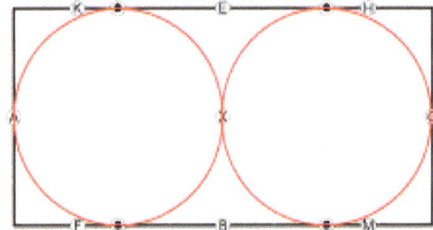

Durch den Zirkel wechseln

Der Reiter befindet sich auf einem Zirkel. Er wendet am Zirkelpunkt von der offenen Zirkelseite in einer halben Volte ab, reitet über den Mittelpunkt des Zirkels auf die kurze Seite zu, wechselt über dem Mittelpunkt die Hand und reitet in einer weiteren halben Volte auf der neuen Hand auf den anderen Zirkelpunkt zu; der Reiter beschreibt so eine S-Linie innerhalb des Zirkels, die vom einen Zirkelpunkt über einen Voltenhalbkreis zum Mittelpunkt und über einen weiteren Voltenhalbkreis auf der neuen Hand zum anderen Zirkelpunkt führt.

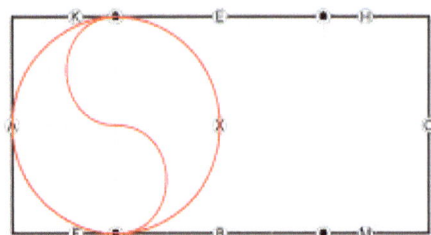

Schlangenlinien an der langen Seite, ein/zwei Bogen

Bei der einfachen Schlangenlinie wendet der Reiter nach dem Durchreiten der Ecke auf die lange Seite zu ab dem Wechselpunkt nach innen ab und reitet einen Bogen in die Bahn hinein, erreicht man die Mitte der Seite einen Abstand von 5 m, kehrt danach im leichten Bogen vor der nächsten Ecke am Wechselpunkt wieder auf den Hufschlag zurück. Bei der doppelten Schlangenlinie werden ab einem Wechselpunkt zwei Bögen mit einem Maximalabstand von 2,5 m von der Bande geritten, dabei kehrt das Pferd nach dem ersten Bogen zur Mitte der langen Seite auf den Hufschlag zurück und wendet danach erneut nach innen ab, um vor der Ecke am Wechselpunkt wieder den Hufschlag zu erreichen. Schlangenlinien dienen der biegenden Gymnastizierung (durch jeweilige Umstellung) des Pferdes.

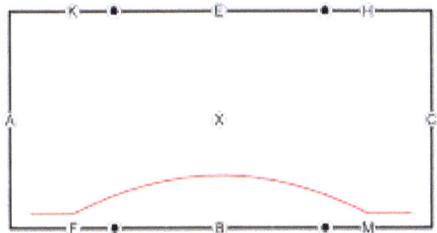

Schlangenlinien durch die ganze Bahn, drei/vier/fünf/sechs/sieben Bogen

Bei dieser Figur wechselt das Pferd zwischen den langen Seiten hin und her. Die Figur beginnt an der kurzen Seite, der Reiter durchreitet die Ecke und wendet dann parallel zur kurzen Seite ab und reitet im rechten Winkel auf die gegenüberliegende Bande zu. Dabei wird beim Überreiten der Mittellinie ein Handwechsel ausgeführt. Hat er die andere Bande bzw. den gegenüberliegenden Hufschlag erreicht, reitet er einen Bogen und kehrt auf die gleiche Weise wieder zur Anfangsseite zurück. Es gibt Schlangenlinien mit drei, vier, fünf, sechs oder sieben Bögen (letztere im Viereck 20 × 60 m).

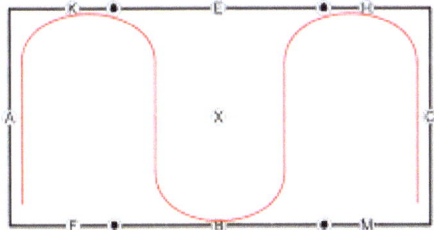

Die Acht

Bei dieser Figur wird eine Acht geritten. Beginnt man Sie am Hufsschlag wird erst eine halbe Volte geritten, richtet das Pferd gerade und wechselt auf der Mittellinie die Hand und reitet eine ganze Volte auf dieser Hand. Auf der Mittellinie wird dann wieder das Pferd gerade gerichtet und ein Handwechsel geritten und die Acht mit einer weiteren halben Volte beendet.

Bahnfiguren und Reitfiguren sind grundlegende Elemente in der Ausbildung von Pferd und Reiter. Sie dienen nicht nur der Entwicklung von Präzision und Geschmeidigkeit in der Bewegung, sondern auch der Verbesserung von Kommunikation, Vertrauen und Harmonie zwischen Reiter und Pferd.

Durch das systematische Üben dieser Figuren wird die Geschmeidigkeit und Balance des Pferdes gefördert, während der Reiter seine Hilfengebung und Körpersprache verfeinern kann.

Vielseitigkeit und Anwendung:

Bahnfiguren sind vielseitig einsetzbar und finden sowohl in der Dressur als auch im Springen, Vielseitigkeitsreiten und sogar im Freizeitreiten Anwendung. Ihre korrekte Ausführung erfordert und fördert eine fundierte Grundausbildung, die das Pferd auf höhere Anforderungen vorbereitet.

Körpersprachliche Kommunikation:

Der richtige Einsatz von Bahnfiguren ermöglicht eine präzise und feine Kommunikation mit dem Pferd. Reiter lernen, ihre Hilfen effektiv und subtil einzusetzen, was zu einer besseren Kontrolle und einem harmonischeren Miteinander führt.

Körperliche Fitness und Geschmeidigkeit:

Durch das Training mit Reitfiguren wird die Muskulatur des Pferdes gleichmäßig entwickelt und die Geschmeidigkeit verbessert. Dies trägt zur Vermeidung von Verletzungen bei und fördert die langfristige Gesundheit und Leistungsfähigkeit des Pferdes.

Mentale Stimulation:

Die Variation und Vielfalt der Bahnfiguren bieten mentale Anreize für das Pferd und beugen Langeweile vor. Dies ist besonders wichtig für das psychische Wohlbefinden und die Motivation des Pferdes.

Individuelle Anpassung: Bahnfiguren können an das Ausbildungsniveau und die speziellen Bedürfnisse von Pferd und Reiter angepasst werden. Dadurch sind sie ein wertvolles Werkzeug für die individuelle Förderung und das gezielte Training.

Zusammenfassend lässt sich sagen, dass Bahnfiguren und Reitfiguren essenzielle Bestandteile eines ganzheitlichen Trainingsprogramms sind.

Sie fördern nicht nur die körperliche und mentale Entwicklung des Pferdes, sondern auch die Fähigkeiten und das Einfühlungsvermögen des Reiters.

Reitplatz.

TEILNAHME AN WETTBEWERBEN

Teilnahme an Wettbewerben: Vorbereitung und Verständnis der Kriterien

Die Teilnahme an lokalen und regionalen Pferdeshows und Wettbewerben ist ein aufregender Aspekt des Reitsports, der Reitern und ihren Pferden die Möglichkeit bietet, ihre Fähigkeiten und ihre harte Arbeit zu präsentieren.

Um bei solchen Veranstaltungen erfolgreich zu sein, ist eine gründliche Vorbereitung notwendig.

Zudem ist es wichtig, ein tiefes Verständnis der Bewertungskriterien und der Wettbewerbsregeln zu haben.

Diese Aspekte sind entscheidend, um die Chancen auf Erfolg zu maximieren und ein positives und lehrreiches Erlebnis für beide, Reiter und Pferd, zu gewährleisten.

Vorbereitung auf lokale und regionale Pferdeshows und Wettbewerbe

Trainingsplanung:

Die Vorbereitung auf einen Wettbewerb beginnt Monate im Voraus.

Es ist wichtig, einen detaillierten Trainingsplan zu erstellen, der sowohl die physische als auch die psychische Vorbereitung des Pferdes berücksichtigt.

Der Plan sollte spezifische Ziele setzen und regelmäßige Trainingseinheiten einschließen, die allmählich auf die Anforderungen des Wettbewerbs hinarbeiten.

Ausrüstung und Präsentation:

Sicherstellen, dass die Ausrüstung des Pferdes, einschließlich Sattel, Zaumzeug und eventuelle Turnierbekleidung, in einwandfreiem Zustand ist, ist entscheidend.

Es kann nötig sein, neue Ausrüstung zu kaufen oder bestehende auszubessern.

Die Präsentation des Pferdes muss den Regeln des Wettbewerbs entsprechen, dazu gehört oft das sorgfältige Putzen und das korrekte Flechten der Mähne.

Mentaltraining und Routine:

Die mentale Vorbereitung ist ebenso wichtig wie das physische Training.

Dies kann durch das Üben von Entspannungstechniken, Visualisierung des Parcours und des Auftritts sowie durch das Etablieren einer beruhigenden Routine vor dem Eintritt in den Ring erfolgen.

Das Ziel ist es, Nervosität zu minimieren und das Selbstvertrauen zu stärken.

Verständnis der Bewertungskriterien und der Wettbewerbsregeln

Bewertungskriterien:

Die genauen Bewertungskriterien können je nach Disziplin und spezifischem

Wettbewerb variieren.

Allgemein wird jedoch meist die korrekte Ausführung der Aufgabe, die Harmonie zwischen Reiter und Pferd, die Haltung und Präsentation sowie die technische Schwierigkeit bewertet.

Es ist wichtig, sich im Vorfeld genau mit den spezifischen Kriterien des anstehenden Wettbewerbs vertraut zu machen.

Verständnis der Regeln:

Jeder Wettbewerb hat eigene Regeln, die die Teilnahmebedingungen, die Ausrüstung, das Verhalten auf dem Gelände und während des Wettbewerbs und die Sicherheitsprotokolle umfassen.

Ein tiefes Verständnis dieser Regeln ist entscheidend, um Disqualifikationen oder Strafpunkte zu vermeiden.

Es ist ratsam, sich mit dem Regelwerk des jeweiligen Verbandes vertraut zu machen und bei Unklarheiten nachzufragen.

Anmeldung und Logistik:

Die Anmeldung zu Wettbewerben muss oft frühzeitig erfolgen und erfordert in der Regel das Einreichen bestimmter Unterlagen, wie Leistungsnachweise und Gesundheitszeugnisse.

Planen Sie auch die logistischen Aspekte wie Transport, Unterbringung und Zeitpläne sorgfältig, um Stress zu minimieren.

Die Teilnahme an Pferdeshows und Wettbewerben erfordert umfangreiche Vorbereitungen und ein detailliertes Verständnis der Regeln und Bewertungskriterien.

Durch sorgfältige Planung, systematisches Training und die Berücksichtigung aller organisatorischen Aspekte kann die Teilnahme an solchen Veranstaltungen zu einer bereichernden und erfolgreichen Erfahrung für Reiter und Pferd werden.

Turniervorbereitung.

Jugendreiterprüfung:

Die Jugendreiterprüfung ist eine spezielle Prüfung für junge Reiterinnen und Reiter, die ihre Fähigkeiten im Pferdesport unter Beweis stellen möchten.

Diese Prüfung bietet eine Einführung in den Turniersport und ist oft der erste Schritt für junge Reiter auf ihrem Weg in den Reitsport. Die Anforderungen variieren je nach Niveau und Disziplin, können aber Dressur-, Spring- oder Vielseitigkeitsprüfungen umfassen.

In der Regel werden einfachere Dressurlektionen, niedrige Sprünge oder einfache Geländehindernisse verlangt. Die Jugendreiterprüfung bietet jungen Reitern eine Möglichkeit, erste Turniererfahrungen zu sammeln, sich mit Gleichaltrigen zu messen und ihre Fähigkeiten weiterzuentwickeln. Sie fördert den Spaß am Reitsport und bietet eine positive Lernerfahrung für junge Reiterinnen und Reiter.

Dressurprüfungen:
E-Dressur:

Diese Prüfung ist für Einsteiger konzipiert und beinhaltet grundlegende Dressurlektionen wie Schritt, Trab und Galopp in einfachen Übungen. Die Anforderungen sind niedrig und es wird ein einfacher Dressurplatz ohne allzu anspruchsvolle Elemente verwendet.

A-Dressur:

Die A-Dressur ist eine etwas fortgeschrittenere Prüfung und erfordert eine genauere Ausführung der Dressurlektionen. Sie beinhaltet Übergänge, Wendungen und einfache Dressurfiguren wie Zirkel und Schlangenlinien. Die Pferde sollten eine gute Balance und Rittigkeit zeigen.

Springprüfungen:

E-Springen:

Ähnlich wie die E-Dressur ist das E-Springen für Anfänger gedacht. Die Sprünge sind niedrig und einfach gestaltet, oft nicht höher als 50-60 cm. Die Anforderungen beinhalten das Überwinden von Hindernissen in einer bestimmten Reihenfolge und Tempo.

A-Springen:

Das A-Springen ist etwas anspruchsvoller und beinhaltet höhere Sprünge bis zu 80-90 cm. Die Prüfung erfordert eine gute Balance, Technik und Geschwindigkeit beim Springen verschiedener Hindernisse wie Oxer, Steilsprünge und Kombinationen.

Vielseitigkeitsprüfungen:

Einsteiger Vielseitigkeit:

Diese Prüfung kombiniert Dressur, Springen und Geländehindernisse auf niedrigem Niveau. Die Anforderungen sind für Anfänger geeignet und beinhalten einfache Dressurlektionen, niedrige Sprünge und natürliche Hindernisse wie kleine Wälle, Gräben und Wasser.

CIC/CIC2 Vielseitigkeit:

Diese Prüfungen sind auf höherem Niveau angesiedelt und beinhalten anspruchsvollere Dressurlektionen, größere und technisch anspruchsvolle Sprünge sowie längere und herausfordernde Geländestrecken mit natürlichen Hindernissen wie Baumstämmen, Mauern und Wasserelementen.

Fahrsportprüfungen:

Einfache Fahrprüfung:

Diese Prüfung richtet sich an Einsteiger im Fahrsport und beinhaltet das Fahren eines Ein- oder Zweispänners auf einem Dressurplatz mit einfachen Hindernissen wie Kegeln und Pylonen.

Marathonprüfung:

Die Marathonprüfung ist ein wichtiger Bestandteil des Fahrsports und beinhaltet das Fahren eines Gespanns über eine längere Distanz auf einer anspruchsvollen Geländestrecke mit natürlichen und künstlichen Hindernissen.

Diese Prüfungen stellen nur eine Auswahl dar und es gibt viele weitere Prüfungen in verschiedenen Disziplinen des Pferdesports, die jeweils ihre eigenen Anforderungen und Schwierigkeitsgrade haben. Es ist wichtig, das richtige Level für das eigene Können und das des Pferdes zu wählen, um eine positive und sichere Erfahrung zu gewährleisten.

SPEZIELLE AUSRÜSTUNG FÜR WETTBEWERBE

Die Teilnahme an einem Reitturnier erfordert eine sorgfältige Vorbereitung und die richtige Ausrüstung, um sowohl den Reiter als auch das Pferd optimal auf die verschiedenen Anforderungen des Wettbewerbs vorzubereiten.

Von der Kleidung des Reiters bis hin zur Ausrüstung für das Pferd und den Pferdeanhänger – hier ist eine detaillierte Übersicht über die benötigte spezielle Ausrüstung.

Kleidung des Reiters

1. Reithelm:

Ein gut sitzender, geprüfter Reithelm ist unerlässlich für die Sicherheit des Reiters. Der Helm sollte den aktuellen Sicherheitsstandards entsprechen (z.B. VG1, ASTM/SEI).

2. Reitjacke:

Für Turniere ist oft eine formelle Reitjacke vorgeschrieben. Diese sollte gut sitzen, Bewegungsfreiheit bieten und aus einem atmungsaktiven Material bestehen. Die Farben sind meist dunkel (schwarz, navy, grau).

3. Reitshirt oder Bluse:

Unter der Reitjacke wird ein Turniershirt oder eine Bluse getragen, häufig mit einem weißen Stehkragen oder Plastron. Es sollte aus einem atmungsaktiven und feuchtigkeitsableitenden Material sein.

4. Reithose:

Eine gut sitzende, bequeme Reithose ist entscheidend. Für Turniere sind oft weiße oder beige Reithosen vorgeschrieben. Sie sollten eng anliegen, aber genügend Bewegungsfreiheit bieten.

5. Reitstiefel:

Hohe Reitstiefel aus Leder oder synthetischem Material sind notwendig. Sie bieten Halt und Schutz für das Bein und sorgen für eine korrekte Fußstellung im Steigbügel. Die Stiefel sollten sauber und poliert sein.

6. Handschuhe:

Reithandschuhe bieten besseren Halt und schützen die Hände vor Reibung. Sie sollten gut sitzen und aus einem griffigen Material bestehen.

7. Sicherheitsweste (bei Bedarf):

In Disziplinen wie Vielseitigkeit oder Geländeritten ist das Tragen einer Sicherheitsweste Pflicht. Sie schützt den Oberkörper bei Stürzen und sollte den Sicherheitsstandards entsprechen.

Ausrüstung für das Pferd

1. Sattel:

Der Sattel muss gut passen und für die spezifische Disziplin geeignet sein, sei es Dressur, Springen oder Vielseitigkeit. Ein schlecht sitzender Sattel kann zu Unbehagen und gesundheitlichen Problemen führen.

2. Satteldecke:

Eine spezielle Turnier-Satteldecke ist oft vorgeschrieben. Sie sollte gut passen, atmungsaktiv sein und Feuchtigkeit ableiten. Dressur- und Springreitern sind in der Regel weiße Satteldecken vorgeschrieben.

3. Zaumzeug:

Das Zaumzeug muss gut passen und aus hochwertigem Material bestehen. Es sollte regelmäßig auf Abnutzung überprüft und gepflegt werden. Je nach Disziplin können spezifische Anforderungen an Gebisse und Nasenriemen gestellt werden.

4. Gamaschen und Bandagen:

Zum Schutz der Pferdebeine werden Gamaschen oder Bandagen verwendet, besonders in Spring- und Vielseitigkeitsprüfungen. Sie sollten gut passen und korrekt angelegt werden.

5. Martingal oder Hilfszügel (falls erlaubt):

In manchen Disziplinen sind bestimmte Hilfszügel erlaubt, die das Pferd in der richtigen Kopf- und Halsposition unterstützen. Es ist wichtig, die Turniervorschriften zu kennen.

6. Turnierschabracke:

Eine spezielle Turnierschabracke wird unter dem Sattel verwendet. Sie sollte gut passen, sauber und oft in der Turnierfarbe (meist weiß) sein.

7. Hufschutz:

Hufeisen oder Hufschuhe schützen die Hufe des Pferdes vor Abnutzung und Verletzungen. Bei Springturnieren sind Hufglocken oft vorgeschrieben, um die

Pferdeanhänger.

Ballen zu schützen.

Pferdeanhänger und Transportausrüstung

1. Pferdeanhänger:

Der Pferdeanhänger sollte in gutem Zustand und für den sicheren Transport von Pferden geeignet sein. Er muss regelmäßig gewartet und überprüft werden.

2. Transportgamaschen und -decke:

Transportgamaschen schützen die Beine des Pferdes während des Transports. Eine Transportdecke kann verwendet werden, um das Pferd bei kaltem Wetter warm zu halten.

3. Heunetz:

Ein Heunetz im Anhänger sorgt dafür, dass das Pferd während der Fahrt Zugang zu Futter hat und ruhig bleibt.

4. Wasservorrat:

Ausreichend Wasser für das Pferd ist wichtig, sowohl für den Transport als auch für die Zeit auf dem Turniergelände.

Weitere nützliche Ausrüstung

1. Erste-Hilfe-Set für Pferd und Reiter:

Ein gut bestücktes Erste-Hilfe-Set ist unerlässlich. Es sollte Verbandsmaterial, Desinfektionsmittel, Schmerzmittel und andere wichtige Utensilien enthalten.

2. Putzzeug:

Eine vollständige Putzkiste mit Bürsten, Kämmen, Schwämmen und Hufauskratzern ist notwendig, um das Pferd vor dem Turnier gründlich zu pflegen.

3. Eimer und Schwämme:

Eimer und Schwämme sind praktisch für das Waschen des Pferdes und für die Wasserversorgung.

4. Longierausrüstung:

Longierleine und Longierpeitsche können nützlich sein, um das Pferd vor dem Wettkampf aufzuwärmen.

5. Hufpflegeprodukte:

Huföl oder Hufbalsam hält die Hufe in gutem Zustand. Ein Hufauskratzer ist ebenfalls notwendig, um Schmutz und Steine zu entfernen.

Fazit

Die Teilnahme an einem Reitturnier erfordert eine gründliche Vorbereitung und die richtige Ausrüstung für sowohl den Reiter als auch das Pferd.

Von der Kleidung des Reiters über die spezielle Ausrüstung des Pferdes bis hin zum Pferdeanhänger – jedes Detail zählt, um sicherzustellen, dass beide optimal vorbereitet sind.

Eine gute Vorbereitung und die richtige Ausrüstung tragen nicht nur zur Sicherheit und zum Wohlbefinden bei, sondern können auch den Unterschied zwischen einem durchschnittlichen und einem erfolgreichen Turnierauftritt ausmachen.

Springturnier.

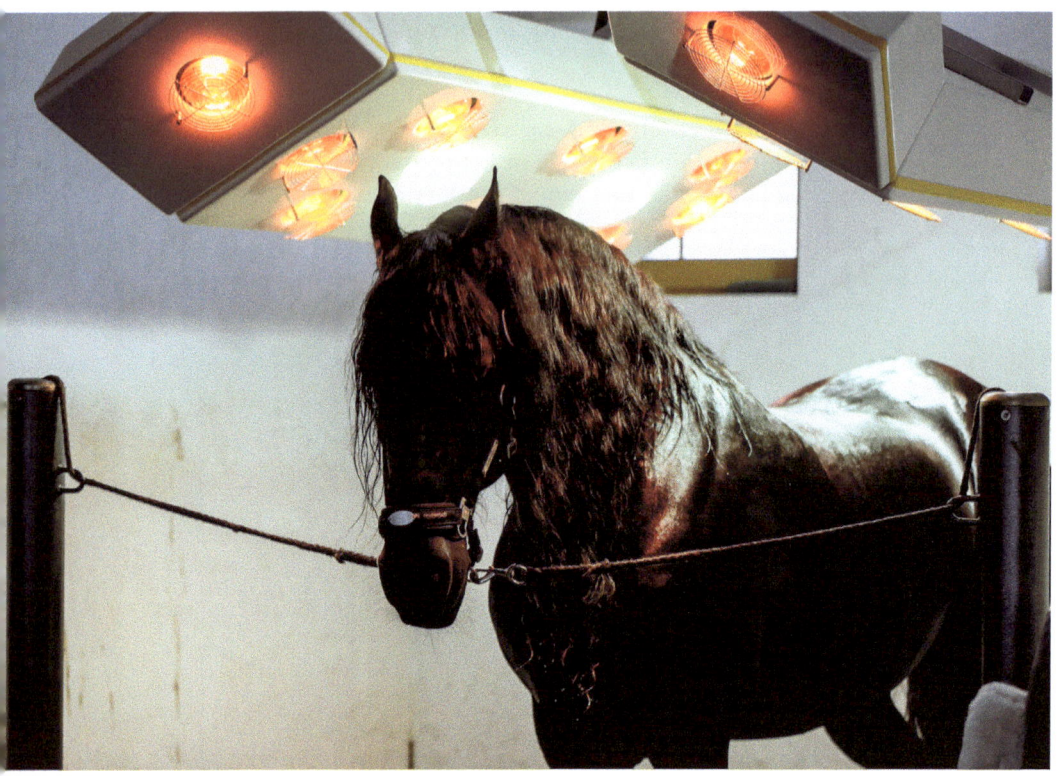

DIE GESUNDHEIT IHRES PFERDES

Pferde können von einer Vielzahl von Krankheiten betroffen sein, die von leicht behandelbaren Beschwerden bis hin zu schweren Erkrankungen reichen, die ernsthafte gesundheitliche Auswirkungen haben können.

Es ist für Pferdehalter wichtig, die Symptome dieser Krankheiten zu erkennen und zu verstehen, um schnell und effektiv reagieren zu können.

Im Folgenden werden einige der häufigsten und bedeutendsten Pferdekrankheiten detailliert erläutert.

Kolik

Kolik ist der Überbegriff für Bauchschmerzen bei Pferden und kann verschiedene Ursachen haben, einschließlich Verstopfung, Darmverschlingungen und

Gasaufbau. Symptome können Unruhe, wiederholtes Hinlegen und Aufstehen, Schwitzen und Abwehr beim Berühren des Bauches sein.

Kolik kann lebensbedrohlich sein, wenn sie nicht behandelt wird, da einige Ursachen wie Darmverschlingungen chirurgisch behandelt werden müssen.

Hufrehe (Laminitis)

Hufrehe ist eine Entzündung der lamellaren Strukturen im Huf, die den Hufknochen im Huf halten.

Sie kann durch Überfütterung mit kohlenhydratreicher Nahrung, durch systemische Infektionen, als Nebenwirkung von Medikamenten oder durch übermäßige Belastung ausgelöst werden.

Symptome sind Lahmheit, erhöhte Pulsation der Hufsohle und Schwierigkeiten beim Bewegen. Hufrehe kann zu dauerhaften Schäden am Huf führen und erfordert sofortige tierärztliche Betreuung.

Equine Infektiöse Anämie (EIA)

EIA, auch bekannt als „Swamp Fever", ist eine virale Blutkrankheit, die durch blutsaugende Insekten übertragen wird.

Die Krankheit ist unheilbar und kann zu intermittierendem Fieber, Gewichtsverlust, Anschwellen der Unterbauchorgane und allgemeiner Schwäche führen. Pferde, die positiv auf EIA getestet werden, müssen oft aus der Population entfernt und unter Quarantäne gestellt werden, um eine Ausbreitung des Virus zu verhindern.

Strangles (Druse)

Druse ist eine hochansteckende bakterielle Infektion, die von Streptococcus equi verursacht wird.

Sie ist gekennzeichnet durch abszedierende Lymphknoten, die oft am Kopf und Hals anschwellen, Fieber, Nasenausfluss und Appetitlosigkeit.

Druse kann schwerwiegende Komplikationen wie Bastard-Druse verursachen, bei der die Abszesse in anderen Körperteilen auftreten. Die Krankheit erfordert eine strenge Quarantäne der betroffenen Pferde.

West-Nil-Virus (WNV)

Das West-Nil-Virus ist eine durch Mücken übertragene Erkrankung, die das zentrale Nervensystem von Pferden betrifft.

Symptome umfassen Fieber, Muskelschwäche, Koordinationsprobleme, Zittern und manchmal Lähmungen.

Es gibt Impfstoffe gegen das West-Nil-Virus, die als präventive Maßnahme empfohlen werden, da die Krankheit schwerwiegend sein kann und in einigen Fällen tödlich verläuft.

Equines Cushing-Syndrom (ECS)

Das Equine Cushing-Syndrom, auch bekannt als PPID (Pituitary Pars Intermedia Dysfunction), ist eine Erkrankung, die meist ältere Pferde betrifft und durch eine übermäßige Produktion von ACTH in der Hirnanhangsdrüse verursacht wird.

Symptome sind übermäßiger Durst, vermehrtes Urinieren, Fellveränderungen und allgemeine Hinfälligkeit. Obwohl ECS nicht heilbar ist, kann es mit Medikamenten gut verwaltet werden.

Equine Herpesvirus-Infektionen

Equine Herpesvirus (EHV) Infektionen können respiratorische Erkrankungen, neurologische Störungen und Aborte bei Stuten verursachen.

Die Symptome variieren je nach Virusstamm, können aber Fieber, respiratorische Beschwerden, Lahmheit und in schweren Fällen neurologische Ausfälle umfassen. Impfungen sind verfügbar und werden empfohlen, um die Verbreitung des Virus zu kontrollieren.

Die Kenntnis dieser Krankheiten und ihrer Symptome ist entscheidend für Pferdehalter und -betreuer, um schnelle und effektive Maßnahmen zu ergreifen und so das Leiden der Tiere zu minimieren und ihre Gesundheit zu schützen.

Regelmäßige veterinärmedizinische Kontrollen und vorbeugende Maßnahmen, wie Impfungen und angemessene Hygienepraktiken, sind unerlässlich, um die Verbreitung von Krankheiten zu verhindern und die Gesundheit der Pferde zu erhalten.

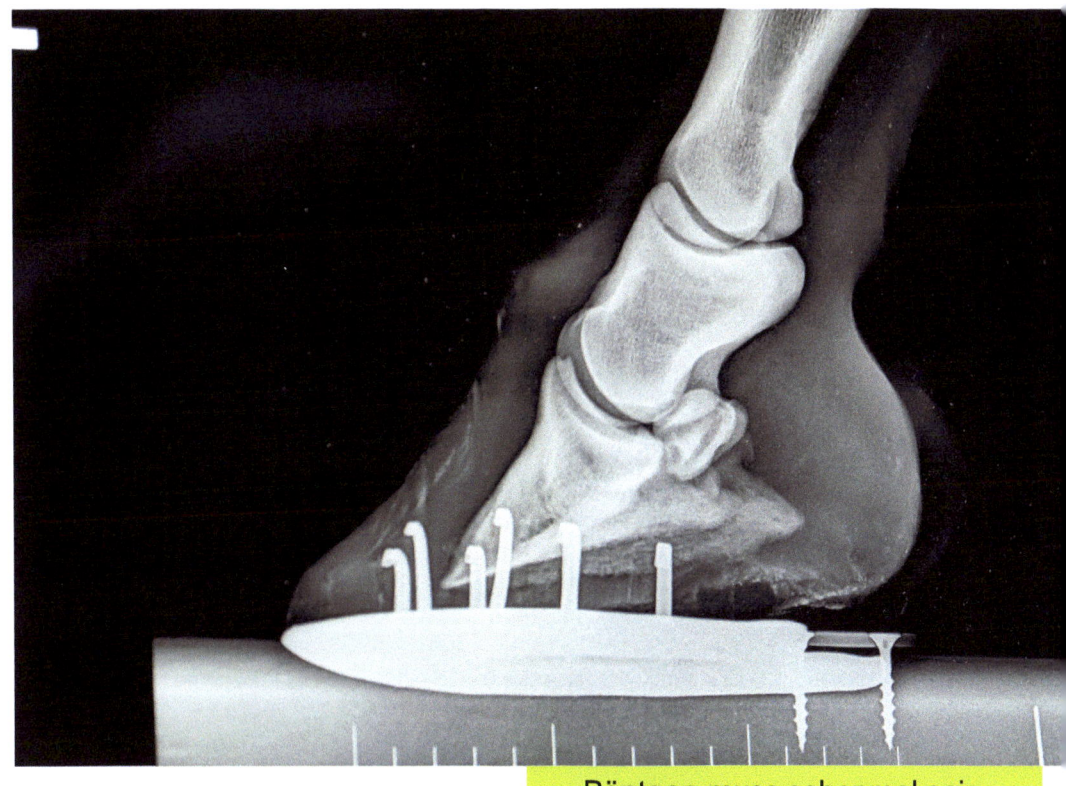

Röntgen muss schonmal sein.

Das Schönste, was Du Deinem Pferd schenken kannst,
ist Zeit. Denn damit schenkst Du ihm ein Stück Deines
Lebens."
-Verfasser unbekannt-

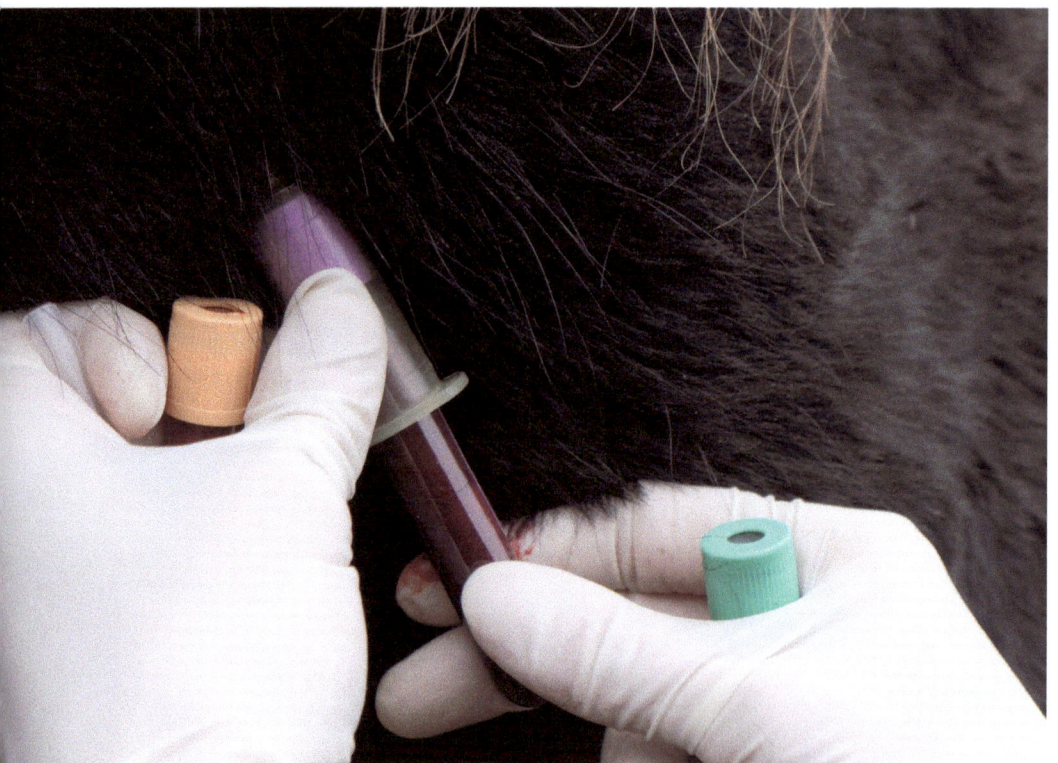

RASSESPEZIFISCHE KRANKHEITEN BEIM FRIESEN

Friesenpferde sind bekannt für ihre beeindruckende Erscheinung und ihre vielseitigen Fähigkeiten.

Trotz ihrer robusten Natur und ihres freundlichen Wesens sind sie jedoch anfällig für einige rassespezifische Krankheiten. Das Wissen um diese potenziellen Gesundheitsprobleme ist entscheidend, um frühzeitig Maßnahmen zur Prävention und Behandlung ergreifen zu können.

PSSM (Polysaccharide Storage Myopathy)

PSSM ist eine genetisch bedingte Muskelstoffwechselstörung, die bei Friesenpferden auftreten kann. Sie führt zu einer abnormen Speicherung von

Polysacchariden in den Muskelzellen, was zu Muskelsteifheit, Schwäche und Krämpfen führt.

Symptome:
PSSM zeigt sich oft durch Muskelzittern, Steifheit nach dem Training, übermäßiges Schwitzen und Bewegungsunwilligkeit. In schweren Fällen kann es zu Muskelabbau kommen.

Zwischenschenkelkrebs (Squamous Cell Carcinoma)

Diese Form von Hautkrebs tritt bei Friesenpferden häufiger auf als bei anderen Rassen. Er kann sich in Bereichen mit wenig Pigmentierung, wie den Augenlidern, dem Maul und den Genitalien, entwickeln.

Symptome:
Anzeichen können Hautgeschwüre, Wunden, die nicht heilen, und sichtbare Tumoren sein. Frühzeitige Diagnose ist wichtig, um eine wirksame Behandlung zu ermöglichen.

Aortenruptur

Aortenrupturen sind bei Friesenpferden relativ häufig und können zum plötzlichen Tod führen. Diese Erkrankung betrifft die Hauptarterie, die das Blut vom Herzen wegführt, und führt zu lebensbedrohlichen inneren Blutungen.

Symptome:
Es gibt oft keine Vorwarnung, und die Erkrankung wird meist erst nach dem Tod diagnostiziert. In seltenen Fällen können Anzeichen wie plötzliche Schwäche, Kollaps und Atemnot auftreten.

Megaösophagus

Megaösophagus ist eine Erkrankung, bei der der Ösophagus (Speiseröhre) erweitert und weniger beweglich wird, was zu Schluckbeschwerden und Regurgitation führt.

Symptome:
Betroffene Pferde zeigen häufig Anzeichen von Regurgitation, Gewichtsverlust und Atemwegsinfektionen aufgrund von Aspiration.

Exzema (Sommerekzem)

Friesenpferde sind anfällig für Sommerekzem, eine allergische Hautreaktion auf Insektenstiche, insbesondere von Gnitzen.

Symptome:
Anzeichen sind intensiver Juckreiz, Haarausfall und Hautläsionen, die durch ständiges Kratzen verursacht werden.

Fazit

Friesenpferde sind aufgrund ihrer genetischen Disposition anfällig für bestimmte rassespezifische Krankheiten.

Ein fundiertes Wissen über diese Erkrankungen und regelmäßige Gesundheitsüberprüfungen sind entscheidend, um frühzeitig Maßnahmen zur Prävention und Behandlung ergreifen zu können.

Mit der richtigen Pflege und Aufmerksamkeit können viele dieser Gesundheitsprobleme effektiv gemanagt werden, um das Wohlbefinden und die Lebensqualität der Friesenpferde zu gewährleisten.

Kerngesund!

„In traurigen Momenten sind es oft unsere Pferde, die einfach nur da sind und Trost spenden."

Gabriele Dietrich

LANGFRISTIGE PFLEGE UND MANAGEMENT

Die langfristige Pflege und das Management von Friesenpferden erfordern ein tiefes Verständnis ihrer spezifischen Bedürfnisse über ihre gesamte Lebensspanne hinweg.

Besonders der Umgang mit älteren Friesenpferden stellt besondere Herausforderungen dar, sowohl in Bezug auf das Gesundheitsmanagement als auch hinsichtlich altersgerechter Aktivitäten.

Zudem sind finanzielle Überlegungen und die Planung für die Zukunft wesentliche Aspekte, die verantwortungsbewusste Pferdebesitzer berücksichtigen müssen.

Umgang mit älteren Friesenpferden:

Gesundheitsmanagement und altersgerechte Aktivitäten

Gesundheitsmanagement:

Ältere Friesenpferde, oft als solche betrachtet, die das Alter von 20 Jahren überschritten haben, benötigen eine angepasste medizinische Betreuung.

Ihr Gesundheitszustand sollte regelmäßig überwacht werden, einschließlich jährlicher tierärztlicher Untersuchungen, die dabei helfen, altersbedingte Probleme wie Arthritis, Zahnprobleme und Sehstörungen frühzeitig zu erkennen und zu behandeln.

Zahnfürsorge:

Ältere Friesenpferde neigen zu Zahnproblemen, die das Fressverhalten beeinträchtigen können. Regelmäßige Kontrollen und Korrekturen durch einen Pferdezahnarzt sind entscheidend.

Ernährungsmanagement:

Mit zunehmendem Alter können Friesenpferde Schwierigkeiten haben, Gewicht zu halten. Ihre Ernährung muss möglicherweise angepasst werden, um leichter verdauliche Futterformen zu integrieren, die reich an essentiellen Nährstoffen sind.

Bewegungsprogramm:

Regelmäßige, leichte Bewegung ist wichtig, um die Mobilität zu erhalten und die Muskulatur zu stärken. Dies sollte entsprechend der individuellen Gesundheit und dem Komfort des Pferdes angepasst werden.

Altersgerechte Aktivitäten:

Es ist wichtig, dass ältere Friesenpferde geistig und körperlich stimuliert bleiben, jedoch ohne sie zu überfordern.

Leichte Arbeit:

Dazu können leichte Reitübungen, Spaziergänge oder Bodenarbeit gehören.

Soziale Interaktion:

Der Kontakt zu anderen Pferden und Menschen sollte gefördert werden, da soziale Interaktion dazu beitragen kann, die Lebensqualität zu verbessern und Depressionen vorzubeugen.

Planung für die Zukunft:

Finanzielle Überlegungen und Verantwortung
Finanzielle Planung:

Die Kosten für die Pflege eines Friesenpferdes können im Alter steigen, vor allem durch erhöhte medizinische Ausgaben. Eine finanzielle Planung ist daher essentiell.

Versicherung:

Eine Überlegung könnte sein, eine Versicherung abzuschließen, die speziell auf ältere Pferde zugeschnitten ist, um potenzielle medizinische Kosten abzudecken.

Rücklagenbildung:

Es ist ratsam, Rücklagen für unvorhergesehene Ausgaben zu bilden, insbesondere für Notfallbehandlungen oder spezielle Pflegebedürfnisse.

Zukunftsplanung:

Es ist wichtig, langfristige Pläne für die Betreuung des Pferdes zu machen, einschließlich der Überlegung, wer die Verantwortung übernehmen könnte, falls der Besitzer dazu nicht mehr in der Lage ist.

Testament und Nachlassplanung:

Inkludieren Sie Ihr Pferd in Ihre Planungen, um sicherzustellen, dass es auch nach Ihrem Ableben gut versorgt ist.

Suche nach einem Lebensplatz:

Möglicherweise möchten Sie einen Lebensplatz für Ihr älteres Pferd finden, einen Ort, an dem es seinen Lebensabend verbringen kann.

Noch bin ich fit!

Fazit

Die langfristige Pflege und das Management von Friesenpferden erfordern eine umfassende Planung und Überlegung.

Dies umfasst die fortlaufende Überwachung und Anpassung der Pflegeprak- tiken, um den sich ändernden Bedürfnissen des älter werdenden Pferdes gerecht zu werden, sowie die finanzielle und zukunftsorientierte Planung, um sicherzustellen, dass das Pferd durchgehend gut versorgt ist.

Mit der richtigen Vorbereitung und Hingabe können ältere Friesenpferde ein komfortables und zufriedenstellendes Leben führen, das reich an Fürsorge und Würde ist.

DIE KULTURELLE BEDEUTUNG DES FRIESENPFERDES HEUTE

Das Friesenpferd, auch als Friesian Horse bekannt, ist eine der ältesten und edelsten Pferderassen Europas.

Seine beeindruckende Erscheinung, Eleganz und Vielseitigkeit haben es zu einem kulturellen Symbol gemacht, das weit über seine Ursprünge in der niederländischen Provinz Friesland hinausreicht.

Die kulturelle Bedeutung des Friesenpferdes hat sich im Laufe der Jahrhunderte entwickelt und ist heute vielfältiger und globaler denn je.

Historische Bedeutung:

Das Friesenpferd hat eine lange und bedeutende Geschichte. Bereits im Mittelalter wurden Friesenpferde von Rittern als Kriegspferde geschätzt, da sie stark genug waren, um schwere Rüstungen zu tragen, und gleichzeitig wendig und schnell im Kampf agieren konnten. Ihre hohe Knieaktion und beeindruckende Erscheinung machten sie auch zu beliebten Parade- und Repräsentationspferden an den europäischen Höfen.

Kulturelles Erbe:

In der niederländischen Provinz Friesland gilt das Friesenpferd als nationales Symbol und kulturelles Erbe. Es spielt eine wichtige Rolle in lokalen Festen, Umzügen und kulturellen Veranstaltungen. Der friesische Stolz auf diese beeindruckende Rasse ist tief verwurzelt, und das Pferd wird oft als Symbol für die friesische Identität und Geschichte betrachtet.

Dressur und Showreiten:

Friesenpferde sind heute in der Welt des Dressurreitens und Showreitens sehr beliebt. Ihre Eleganz, hohe Knieaktion und Fähigkeit, komplexe Lektionen zu lernen, machen sie zu Favoriten in der Dressurszene. In Shows und Zirkusvorführungen beeindrucken sie das Publikum mit ihrer Anmut und ihrem Charme, indem sie verschiedene Kunststücke und Choreografien vorführen.

Fahrsport:

Die Stärke und Ausdauer der Friesenpferde machen sie auch zu idealen Partnern im Fahrsport. Sie werden häufig in traditionellen und modernen Fahrwettbewerben eingesetzt und ziehen oft Ein-, Zwei- oder Vierspänner-Kutschen. Ihre beeindruckende Präsenz und ihr ruhiges Temperament machen sie auch zu beliebten Pferden für Showfahrten und Paraden.

Freizeit- und Wanderreiten:

Auch im Freizeitbereich sind Friesenpferde sehr beliebt. Ihr freundliches Wesen und ihre Gelassenheit machen sie zu idealen Partnern für entspannte Ausritte in der Natur. Friesenpferde sind zuverlässig und leicht zu handhaben, was sie zu ausgezeichneten Begleitern für Wander- und Geländeritte macht. Ihre Ausdauer und Trittsicherheit sorgen dafür, dass sie auch in anspruchsvollem Gelände gut zurechtkommen.

Film und Fernsehen:

Friesenpferde sind oft in Filmen, Fernsehsendungen und Werbung zu sehen. Ihre imposante Erscheinung und ihr majestätisches Aussehen machen sie zu idealen Darstellern in historischen Dramen, Fantasy-Filmen und Werbekampagnen. Sie symbolisieren oft Stärke, Eleganz und Noblesse.

Kunst und Literatur:

In der Kunst und Literatur haben Friesenpferde ebenfalls ihren festen Platz. Sie werden in Gemälden, Skulpturen und literarischen Werken dargestellt, die ihre Schönheit und Anmut feiern. In vielen Geschichten und Gedichten werden Friesenpferde als treue und edle Begleiter dargestellt, die durch ihre Eleganz und Stärke beeindrucken.

Kulturelle Veranstaltungen und Wettbewerbe
Friesian Horse Festival:

Das Friesian Horse Festival ist eine bedeutende Veranstaltung, die die Schönheit und Vielseitigkeit der Friesenpferde feiert. Es zieht Teilnehmer und Zuschauer aus der ganzen Welt an und bietet eine Bühne für Wettbewerbe in verschiedenen Disziplinen, Showvorführungen und kulturelle Darbietungen. Das Festival ist ein wichtiger Treffpunkt für Züchter, Reiter und Liebhaber der Rasse.

KFPS Hengstenkeuring:

Die Hengstenkeuring ist eine jährliche Veranstaltung des Königlichen Friesischen Pferdestammbuchs (KFPS), bei der die besten Hengste der Rasse bewertet und ausgezeichnet werden. Diese Veranstaltung ist ein Highlight im Kalender der Friesenpferdezüchter und -liebhaber und zeigt die besten Vertreter der Rasse.

Die Zukunft der Friesenpferde
Zucht und Erhaltung:

Die Zucht und Erhaltung der Friesenpferde sind wichtige Aspekte, um die Rasse auch in Zukunft gesund und robust zu halten. Züchter auf der ganzen Welt arbeiten daran, die besten Eigenschaften der Friesenpferde zu bewahren und weiterzuentwickeln. Moderne Zuchtprogramme legen besonderen Wert auf Gesundheit, Temperament und Leistung.

Bildung und Bewusstsein:

Bildungsprogramme und Initiativen zur Förderung des Bewusstseins für die Bedeutung und Pflege der Friesenpferde sind ebenfalls entscheidend. Durch Schulungen und Informationskampagnen wird das Wissen über die spezifischen Bedürfnisse und Eigenschaften dieser Rasse verbreitet und der verantwortungsbewusste Umgang mit Friesenpferden gefördert.

Die kulturelle Bedeutung des Friesenpferdes ist heute vielfältiger und globaler denn je. Von ihren historischen Wurzeln als Kriegspferde und Paradepferde über ihre moderne Rolle im Dressur- und Fahrsport bis hin zu ihrer Darstellung in Film, Kunst und Literatur – Friesenpferde sind ein lebendiges Symbol für Eleganz, Stärke und kulturelles Erbe.

So hübsche Tiere!

„Wenn Dein Pferd nein sagt, hast Du entweder die Frage

falsch gestellt oder die falsche Frage gestellt."

- Pat Parelli-

EINE BEREICHERUNG FÜR JUNGE REITER

Friesenpferde, bekannt für ihre Eleganz, Intelligenz und ihr freundliches Wesen, sind ausgezeichnete Begleiter für Kinder und junge Reiter.

Diese Pferde bieten nicht nur eine Plattform für den Einstieg in den Reitsport, sondern tragen auch zur Entwicklung wichtiger Lebensfähigkeiten bei.

Anbei werden die Vorteile der Interaktion zwischen Friesenpferden und Kindern, geeignete Reitaktivitäten und Sicherheitsaspekte erörtert.

Warum Friesenpferde ideal für Kinder sind
Sanftmütiges und geduldiges Temperament:
Friesenpferde sind für ihr sanftes und geduldiges Temperament bekannt, was

sie zu idealen Partnern für junge und oft unerfahrene Reiter macht.

Ihre Sensibilität ermöglicht es ihnen, auf die Emotionen ihrer jungen Reiter einzugehen, was besonders wichtig ist, um bei Kindern Vertrauen und Sicherheit zu fördern.

Intelligenz und Lernfähigkeit:

Friesenpferde sind äußerst intelligent und lernwillig, was sie zu ausgezeichneten Lehrpferden macht. Sie sind oft sehr darauf bedacht, ihrem Reiter zu gefallen, was das Lernen von neuen Fähigkeiten erleichtert.

Ihre Fähigkeit, schnell zu lernen und zu adaptieren, macht sie zu idealen Kandidaten für Lehrzwecke in Reitschulen.

Größe und Körperbau:

Die Größe der Friesenpferde kann ein Vorteil sein, da sie robust und dennoch anmutig sind. Dies kann für Kinder eine eindrucksvolle, aber dennoch sichere Reiterfahrung bieten, wenn sie von erfahrenen Reitlehrern begleitet werden.

Reitaktivitäten für Kinder mit Friesenpferden

Dressurreiten:

Dressurreiten ist eine großartige Disziplin, um Kindern die Grundlagen des Reitens zu vermitteln. Friesenpferde, bekannt für ihre elegante Bewegung und gute Haltung, sind hervorragende Dressurpferde. Sie können jungen Reitern helfen, ein tiefes Verständnis für Rhythmus, Balance und die Feinheiten der Reiterhilfen zu entwickeln.

Freizeitreiten:

Freizeitreiten, wie Ausritte in der Natur oder einfache Reitübungen auf dem Platz, ist eine hervorragende Möglichkeit, Kindern die Freude am Reiten näherzubringen. Friesenpferde, die oft eine starke Bindung zu ihren Menschen aufbauen, sind treue Begleiter auf solchen entspannten Ausflügen.

Jugendwettbewerbe:

Viele Reitverbände bieten spezielle Wettbewerbe und Klassen für junge Reiter an. Friesenpferde können in verschiedenen Disziplinen, von unterhaltsamen

Shows bis hin zu leistungsbasierten Wettbewerben, eingesetzt werden, was Kindern die Möglichkeit gibt, ihre Fähigkeiten in einem unterstützenden und wettbewerbsfähigen Umfeld zu zeigen.

Sicherheitsaspekte beim Umgang von Kindern mit Friesenpferden

Professionelle Anleitung:
Es ist entscheidend, dass Kinder unter der Aufsicht von erfahrenen Trainern und in einer sicheren Umgebung lernen.

Professionelle Reitlehrer können nicht nur die Reitfähigkeiten vermitteln, sondern auch den sicheren Umgang mit Pferden lehren.

Geeignete Ausrüstung:

Kinder sollten stets die passende Sicherheitsausrüstung tragen, einschließlich Reithelme, Sicherheitswesten und geeignetes Schuhwerk.

Die Ausrüstung des Pferdes, wie Sättel und Zaumzeug, muss regelmäßig überprüft und an die Größe des Kindes angepasst werden.

Lernen der Pferdepflege:

Die Einbeziehung von Kindern in die Pflege ihrer Friesenpferde, wie Putzen und Satteln, fördert nicht nur die Verantwortung, sondern auch das Verständnis und die Achtung für das Wohlergehen der Tiere.

Fazit

Friesenpferde bieten eine wunderbare Gelegenheit für Kinder, das Reiten zu lernen und eine tiefe Verbindung zu diesen edlen Tieren aufzubauen.

Ihre Intelligenz, Geduld und Größe machen sie zu idealen Lehrpferden. Mit der richtigen Anleitung und Ausrüstung können Friesenpferde dazu beitragen, Kindern eine sichere und bereichernde Einführung in die Welt des Reitsports zu bieten.

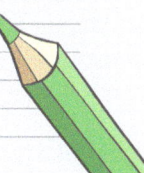

Ein gutes Team!

„Wer sein Pferd führen will, sollte ihm zuerst einen

Grund geben zu folgen!"

Ifrit Kiselmann

IHR PFERD UND DIE ANDEREN TIERE

Das Zusammenleben eines Pferdes mit anderen Haustieren kann eine bereichernde Erfahrung sowohl für die Tiere als auch für ihre Besitzer sein.

Pferde sind in der Regel soziale Wesen, die sich oft gut mit anderen Tieren
verstehen, vorausgesetzt, die Einführung und das Zusammenleben werden
sorgfältig gemanagt.
Hier finden Sie Tipps und wichtige Überlegungen, um ein harmonisches Zusammenleben zwischen Ihrem Pferd und anderen Haustieren wie Hunden,
Katzen und sogar Nutztieren zu fördern.

Vorbereitung und Einführung

Einführungsphase:

Die Einführung neuer Tiere sollte schrittweise und kontrolliert erfolgen.

Pferde können empfindlich auf Veränderungen in ihrer Umgebung reagieren, und plötzliche Begegnungen können Stress oder sogar aggressive Reaktionen auslösen.

Beginnen Sie mit kurzen, kontrollierten Treffen, die es den Tieren ermöglichen, sich an die Anwesenheit und Gerüche des anderen zu gewöhnen, ohne direkten Kontakt zu erzwingen.

Training und Sozialisierung:

Stellen Sie sicher, dass sowohl das Pferd als auch die anderen Haustiere grundlegende Befehle verstehen und befolgen können, besonders wenn es darum geht, auf Distanz zu bleiben oder ruhig zu bleiben.

Dies ist besonders wichtig bei Hunden, da diese oft impulsiv reagieren können.

Ein gut trainierter Hund, der auf Kommandos wie „Sitz", „Bleib" oder „Komm" hört, ist einfacher zu managen und stellt ein geringeres Risiko für das Pferd und sich selbst dar.

Sicherheit für alle Tiere:

Überprüfen Sie den Zaun und die Stallungen auf Sicherheitslücken, die kleineren Haustieren das Eindringen in Pferdeboxen oder Paddocks ermöglichen könnten.

Pferde können in einem Moment der Panik oder Irritation schwere Verletzungen verursachen, selbst wenn keine böse Absicht besteht.

Tägliches Management und Interaktion

Fütterungszeiten:

Es ist ratsam, die Fütterungszeiten der Tiere zu trennen, um Futterneid oder Konkurrenz zu vermeiden.

Pferde und andere Haustiere sollten an separaten Plätzen gefüttert werden, um Konflikte und Stress zu vermeiden.

Gemeinsame Aktivitäten:

Unter Aufsicht können gemeinsame Aktivitäten wie Spaziergänge auf dem Hof oder in der Umgebung dazu beitragen, die Bindung zwischen den Tieren zu stärken.

Es ist jedoch wichtig, stets auf die Körpersprache und das Verhalten der Tiere zu achten und bei Anzeichen von Stress oder Unbehagen einzugreifen.

Gesundheitsüberwachung:

Achten Sie darauf, dass alle Tiere regelmäßig tierärztlich untersucht werden und frei von Parasiten sind, besonders, wenn sie den gleichen Lebensraum teilen.

Dies hilft, die Übertragung von Krankheiten zu verhindern und sicherzustellen, dass alle Tiere gesund bleiben.

Besondere Überlegungen für spezifische Tiere

Hunde:

Hunde sind wahrscheinlich die häufigsten Begleiter von Pferden und können großartige Stallkameraden sein.

Es ist wichtig, dass Hunde lernen, nicht hinter oder um die Pferde herumzurennen, da dies das Pferd erschrecken und zu gefährlichen Situationen führen kann.

Katzen:

Katzen und Pferde kommen oft gut miteinander aus. Katzen können Mäuse und andere Schädlinge in Scheunen oder Ställen jagen und helfen, das Gleichgewicht zu halten.
Stellen Sie jedoch sicher, dass die Katzen gesund sind und keine Krankheiten auf die Pferde übertragen können.

Nutztieren:

Schafe, Ziegen und sogar Hühner können sich oft mit Pferden anfreunden.

Wir vertragen uns!

Diese Tiere können ebenfalls von einer geselligen Atmosphäre profitieren und zur allgemeinen Stimmung in einer Scheune oder auf einer Weide beitragen.

Das Zusammenleben von Pferden mit anderen Haustieren kann eine freudige und harmonische Erfahrung sein, wenn es richtig gemanagt wird.

Durch sorgfältige Einführung, angemessenes Training und ständige Überwachung können Pferde und andere Haustiere sicher und gesund zusammenleben.

Dies bereichert nicht nur das Leben der Tiere, sondern auch das ihrer Besitzer.

DIE GRUNDLAGE FÜR EINFACH ALLES.

Die Grundlagen der Pferdernährung: Ein Leitfaden für gesunde Pferde

Die Fütterung von Friesenpferden erfordert besondere Aufmerksamkeit und Sorgfalt, um ihre Gesundheit und Leistungsfähigkeit zu gewährleisten. Aufgrund ihrer imposanten Erscheinung, ihres kräftigen Körperbaus und ihrer einzigartigen Bedürfnisse ist es wichtig, die Fütterungsgewohnheiten an die spezifischen Anforderungen dieser edlen Rasse anzupassen.

Hier sind die Besonderheiten bei der Fütterung von Friesenpferden:

Hoher Energiebedarf

Friesenpferde haben aufgrund ihres muskulösen Körperbaus und ihrer aktiven Nutzung in Disziplinen wie Dressur und Fahrsport einen hohen Energiebedarf.

Es ist wichtig, ihnen eine ausgewogene Ernährung zu bieten, die reich an Energiequellen ist, um ihren täglichen Bedarf zu decken. Hochwertiges Heu und energiereiche Futtermittel wie Getreide und pelletierte Rationen sind entscheidend, um ihre Leistungsfähigkeit zu unterstützen.

Proteinversorgung

Protein ist für den Muskelaufbau und die Erhaltung der Muskelmasse bei Friesenpferden unerlässlich. Hochwertige Proteinquellen wie Luzerne, Sojamehl und spezielle Proteinpellets sollten in die Ernährung integriert werden. Eine ausreichende Proteinversorgung trägt dazu bei, die Muskelkraft und -ausdauer dieser kräftigen Pferde zu erhalten.

Vitamine und Mineralien

Friesenpferde benötigen eine ausgewogene Zufuhr von Vitaminen und Mineralien, um ihre Gesundheit zu unterstützen. Spezielle Mineralstoffmischungen und Vitaminpräparate können helfen, den Bedarf zu decken und Mängel zu vermeiden. Besonders wichtig sind Kalzium und Phosphor für die Knochengesundheit sowie die Vitamine A, D und E für das allgemeine Wohlbefinden.

Fütterungsfrequenz und -menge

Aufgrund ihrer Größe und ihres Stoffwechsels sollten Friesenpferde häufig und in kleinen Mengen gefüttert werden. Mehrere kleine Mahlzeiten über den Tag verteilt helfen, Verdauungsstörungen zu vermeiden und den Blutzuckerspiegel stabil zu halten. Eine zu große Futtermenge auf einmal kann zu Verdauungsproblemen und Koliken führen.

Raufutter als Basis

Hochwertiges Heu und Weidegras sollten die Grundlage der Ernährung von Friesenpferden bilden. Raufutter fördert die Verdauung und sorgt für eine gleichmäßige Energiezufuhr. Es ist wichtig, sicherzustellen, dass das Heu frei von Schimmel und Staub ist, um Atemwegsprobleme zu vermeiden.

Wasserzufuhr

Ausreichend frisches Wasser ist für Friesenpferde lebenswichtig. Sie sollten jederzeit Zugang zu sauberem Wasser haben, besonders nach dem Training und bei heißem Wetter. Eine ausreichende Wasserzufuhr unterstützt die Verdauung und hilft, Dehydratation zu vermeiden.

Spezielle Futterzusätze

Aufgrund ihrer genetischen Veranlagung können Friesenpferde anfällig für bestimmte gesundheitliche Probleme wie Hauterkrankungen und Stoffwechselstörungen sein. Spezielle Futterzusätze wie Omega-3-Fettsäuren, Biotin und Antioxidantien können dazu beitragen, die Hautgesundheit zu verbessern und Stoffwechselprobleme zu minimieren.

Kontrolle des Körpergewichts

Friesenpferde neigen dazu, leicht an Gewicht zuzunehmen, was zu gesundheitlichen Problemen wie Hufrehe führen kann.

Es ist wichtig, das Körpergewicht regelmäßig zu überwachen und die Fütterung entsprechend anzupassen, um eine Überfütterung zu vermeiden.

Ein ausgewogenes Verhältnis von Energiezufuhr und körperlicher Aktivität ist entscheidend, um ein gesundes Gewicht zu halten.

Fazit

Die Fütterung von Friesenpferden erfordert besondere Aufmerksamkeit und eine sorgfältige Planung, um ihre einzigartigen Bedürfnisse zu erfüllen.

Eine ausgewogene Ernährung, die reich an Energie, Protein, Vitaminen und Mineralien ist, trägt dazu bei, ihre Gesundheit und Leistungsfähigkeit zu erhalten.

Durch die Berücksichtigung der spezifischen Fütterungsanforderungen können Friesenpferde ihr volles Potenzial entfalten und ein gesundes, aktives Leben führen.

Heuballen.

„Höre auf Dein Pferd und nicht auf das, was andere
Menschen sagen…"
-Verfasser unbekannt-

SO SOLL DER FRIESE SEIN.

Der Friese, auch bekannt als Friesian Horse, ist eine der ältesten und edelsten Pferderassen Europas. Diese Rasse wird für ihre beeindruckende Erscheinung, elegante Bewegungen und vielseitigen Fähigkeiten geschätzt.

Der offizielle Rassestandard, wie er vom Koninklijke Vereniging „Het Friesch Paarden-Stamboek" (KFPS) festgelegt wurde, beschreibt die idealen Merkmale eines Friesenpferdes.

Allgemeines Erscheinungsbild
Größe und Gewicht:

Ein ausgewachsener Friese hat eine Widerristhöhe von etwa 155 bis 170 cm. Das Gewicht liegt typischerweise zwischen 600 und 900 kg, wobei Hengste oft schwerer und größer als Stuten sind.

Farbe:

Friesenpferde sind immer schwarz. Weiße Abzeichen sind äußerst selten und nur ein kleiner Stern auf der Stirn ist zulässig. Ein Friese mit anderen weißen Abzeichen wird vom Zuchtbuch ausgeschlossen.

Körperbau:

Der Körperbau des Friesenpferdes ist kraftvoll und harmonisch. Der Rumpf ist kompakt und muskulös, mit einem tiefen Brustkorb und einem leicht gewölbten Rücken. Die Proportionen sind ausgewogen, und das Pferd sollte eine elegante, aber kräftige Erscheinung haben.

Kopf und Hals
Kopf:

Der Kopf des Friesenpferdes ist edel geformt, mit einer geraden oder leicht konvexen Nasenlinie. Die Stirn ist breit, die Augen groß und ausdrucksstark, was dem Pferd einen intelligenten und wachen Ausdruck verleiht.

Ohren:

Die Ohren sind klein, fein und stehen aufmerksam nach vorne gerichtet. Sie sollten gerade und beweglich sein, was die Wachsamkeit des Pferdes unterstreicht.

Hals:

Der Hals ist lang und geschwungen, was zu einer stolzen Haltung führt. Er ist gut aufgesetzt, kräftig bemuskelt und verleiht dem Pferd eine majestätische Ausstrahlung.

Körper
Rücken:

Der Rücken ist stark und gut bemuskelt, mit einer leicht gewölbten Lendenpartie. Er sollte weder zu kurz noch zu lang sein, um eine gute Tragkraft zu gewährleisten.

Brust und Schultern:

Die Brust ist tief und breit, die Schultern sind kräftig und gut geneigt, was eine freie und raumgreifende Bewegung ermöglicht.

Flanken und Bauch:

Die Flanken sind gut gewölbt, der Bauch sollte aufgezogen und straff sein, ohne jedoch eingefallen zu wirken.

Gliedmaßen
Vorderbeine:

Die Vorderbeine sind gerade und stark, mit gut entwickelten Sehnen und Gelenken. Die Fesseln sind von mittlerer Länge und die Hufe sind fest und schwarz.

Hinterbeine:

Die Hinterbeine sind kräftig und gut bemuskelt, mit starken Sprunggelenken. Die Winkelung der Hinterhand sollte harmonisch und funktionell sein, um kraftvolle und schwungvolle Bewegungen zu ermöglichen.

Bewegung:

Die Bewegung des Friesenpferdes ist ein wichtiges Merkmal. Es sollte eine hohe Knieaktion und eine kraftvolle, raumgreifende Gangart haben. Der Trab ist besonders wichtig und sollte schwungvoll und elastisch sein, mit einer guten Hebung der Vorderbeine und einem kraftvollen Abstoß der Hinterhand. Der Galopp sollte rund und gut ausbalanciert sein.

Langhaar
Mähne und Schweif:

Eine der markantesten Eigenschaften des Friesenpferdes ist sein üppiges Langhaar. Die Mähne, der Schweif und die sogenannten „Fetlocken" (Behang an den Fesseln) sind dicht, lang und oft wellig.

Wesen und Charakter
Temperament:

Friesenpferde haben ein freundliches und ausgeglichenes Temperament. Sie sind bekannt für ihre Sanftmütigkeit und ihre Bereitschaft, mit dem Menschen zu arbeiten. Sie sind intelligent und lernwillig, was sie zu ausgezeichneten Reit- und Fahrpferden macht.

Ein hübsches Tier!

Verhalten:

Friesenpferde sollten ein kooperatives und gehorsames Verhalten zeigen. Sie sind aufmerksam und neugierig, aber auch ruhig und geduldig, was sie zu idealen Partnern im Sport und in der Freizeit macht.

Der Rassestandard des Friesenpferdes beschreibt eine edle und kraftvolle Pferderasse, die durch ihre schwarze Farbe, ihre imposante Erscheinung und ihre eleganten Bewegungen besticht.

Die Einhaltung dieses Rassestandards ist wichtig, um die einzigartigen Merkmale und die Gesundheit dieser beeindruckenden Rasse zu bewahren. Friesenpferde sind ein lebendiges Erbe, das durch sorgfältige Zucht und Pflege erhalten und gefördert wird.

DIE ZUCHT UND DIE ZUCHTMETHODEN VON FRIESENPFERDEN

Die Zucht von Friesenpferden ist ein sorgfältig durchgeführter Prozess, der darauf abzielt, die charakteristischen Merkmale und die Gesundheit dieser edlen Rasse zu bewahren und zu verbessern.

Friesenpferde zeichnen sich durch ihre beeindruckende Erscheinung, ihre Eleganz und ihr freundliches Wesen aus.

Um diese Eigenschaften zu erhalten, werden strenge Zuchtmethoden und Richtlinien angewendet.

Hier sind die wichtigsten Aspekte und Methoden der Friesenpferdezucht.

Zuchtziele und Zuchtorganisationen

Zuchtziele:

Das Hauptziel der Friesenpferdezucht ist die Erhaltung und Verbesserung der rassetypischen Merkmale wie die schwarze Farbe, die hohe Knieaktion, die Eleganz und das freundliche Temperament. Gesundheit, Langlebigkeit und Leistungsfähigkeit sind ebenfalls wichtige Zuchtziele.

Zuchtorganisationen:

Die wichtigste Organisation für die Zucht von Friesenpferden ist das Koninklijke Vereniging „Het Friesch Paarden-Stamboek" (KFPS).

Das KFPS legt die Zuchtstandards fest und überwacht die Zuchtprogramme weltweit. Es führt das Zuchtbuch und organisiert Zuchtschauen, Prüfungen und Hengstkörungen.

Zuchtmethoden

Selektion und Bewertung:

Die Selektion und Bewertung der Zuchttiere sind entscheidende Schritte im Zuchtprozess. Friesenpferde werden anhand strenger Kriterien beurteilt, die Körperbau, Bewegungsablauf, Temperament und Gesundheit umfassen. Zuchtschauen und Körungen sind wichtige Veranstaltungen, bei denen die besten Zuchttiere ausgewählt und prämiert werden.

Hengstkörung:

Die Hengstkörung ist ein bedeutender Teil des Zuchtprozesses. Hengste müssen eine strenge Prüfung bestehen, um als Zuchthengst zugelassen zu werden. Diese Prüfung umfasst die Beurteilung des Exterieurs, des Bewegungsablaufs, der Gesundheit und der Leistungsfähigkeit. Nur die besten Hengste werden in das Zuchtbuch eingetragen und für die Zucht freigegeben.

Stutenprüfung:

Auch Stuten werden sorgfältig geprüft und selektiert. Sie müssen eine Reihe von Kriterien erfüllen, um als Zuchtstuten anerkannt zu werden. Dies umfasst die Beurteilung des Exterieurs, der Bewegungen und der allgemeinen Gesundheit. Leistungsprüfungen und Nachzuchtbewertungen spielen ebenfalls eine wichtige Rolle bei der Auswahl der besten Zuchtstuten.

Linienzucht und Inzuchtkontrolle:

Um die rassetypischen Merkmale zu bewahren, wird oft Linienzucht angewendet. Dabei werden Tiere aus ähnlichen genetischen Linien miteinander verpaart, um die gewünschten Eigenschaften zu festigen. Gleichzeitig ist die Inzuchtkontrolle von großer Bedeutung, um genetische Defekte und Gesundheitsprobleme zu vermeiden. Das KFPS überwacht die Inzuchtkoeffizienten und stellt sicher, dass die genetische Vielfalt erhalten bleibt.

Künstliche Besamung und Embryotransfer:

Moderne Zuchtmethoden wie künstliche Besamung und Embryotransfer werden häufig eingesetzt, um die Zuchtziele zu erreichen und die genetische Vielfalt zu erhöhen. Diese Methoden ermöglichen es, die besten Zuchttiere weltweit zu nutzen und die Nachzucht zu optimieren. Künstliche Besamung hilft, die Verbreitung von hochwertigen genetischen Merkmalen zu fördern, während Embryotransfer die Anzahl der Nachkommen von besonders wertvollen Zuchtstuten erhöht.

Gesundheitsmanagement in der Zucht

Genetische Tests:

Genetische Tests spielen eine wichtige Rolle im Gesundheitsmanagement der Friesenpferdezucht. Sie helfen, genetische Krankheiten frühzeitig zu erkennen und gezielt aus der Zucht auszuschließen. PSSM (Polysaccharid-Speicher-Myopathie) ist eine solche genetische Erkrankung, die durch Tests identifiziert werden kann.

Tierärztliche Überwachung:

Regelmäßige tierärztliche Untersuchungen sind unerlässlich, um die Gesundheit der Zuchttiere zu gewährleisten.

Impfungen, Entwurmungen und Gesundheitschecks sind Routinepraktiken, die dazu beitragen, die Tiere gesund zu halten und die Qualität der Nachzucht zu sichern.

Ausbildung und Weiterbildung von Züchtern

Züchterschulungen:

Um die hohen Standards in der Friesenpferdezucht zu halten, bietet das KFPS Schulungen und Fortbildungen für Züchter an.

Diese Programme umfassen Themen wie Genetik, Zuchtmethoden, Gesundheitsmanagement und Zuchtziele. Gut ausgebildete Züchter tragen maßgeblich zur Qualität und zum Erfolg der Zuchtprogramme bei.

Erfahrungsaustausch:

Der Austausch von Erfahrungen und Wissen unter Züchtern ist ebenfalls von großer Bedeutung.

Nationale und internationale Zuchtverbände und Vereine bieten Plattformen für Diskussionen, Seminare und Konferenzen, bei denen Züchter ihr Wissen teilen und voneinander lernen können.

Fazit

Die Zucht von Friesenpferden ist ein komplexer und sorgfältig durchgeführter Prozess, der darauf abzielt, die einzigartigen Merkmale dieser edlen Rasse zu bewahren und zu verbessern.

Durch strenge Selektion, moderne Zuchtmethoden und umfassendes Gesundheitsmanagement wird sichergestellt, dass Friesenpferde gesund, leistungsfähig und rassetypisch bleiben.

Die Rolle der Züchter ist dabei entscheidend, und durch kontinuierliche Ausbildung und Erfahrungsaustausch tragen sie dazu bei, dass die Friesenpferdezucht auch in Zukunft erfolgreich bleibt.

BERÜHMTE FRIESENPFERDE UND IHRE GESCHICHTEN

Friesenpferde haben durch ihre beeindruckende Erscheinung und vielseitigen Fähigkeiten nicht nur in der Reitszene, sondern auch in der Popkultur und in verschiedenen Bereichen des Showbusiness Bekanntheit erlangt.

Hier sind einige Beispiele für berühmte Friesenpferde und ihre Geschichten:

Jasper 366

Jasper 366 ist einer der bekanntesten Friesenhengste. Er wurde 1987 geboren und war bekannt für seine beeindruckende Erscheinung und sein herausragendes Talent in der Dressur.

Jasper 366 hat zahlreiche Preise gewonnen und wurde in verschiedenen Dressurwettbewerben auf höchstem Niveau eingesetzt.

Seine Nachkommen haben seine exzellenten Eigenschaften geerbt, und er hat die Friesenpferdezucht weltweit beeinflusst. Jasper 366 starb im Jahr 2011, aber sein Erbe lebt in seinen zahlreichen Nachkommen weiter.

Anton 343

Anton 343, geboren 1991, war ein weiterer berühmter Friesenhengst, der sich besonders in der Dressur auszeichnete. Er war für sein ruhiges Temperament und seine hohe Lernfähigkeit bekannt.

Anton 343 hat viele Auszeichnungen in verschiedenen internationalen Dressurwettbewerben erhalten und war ein beliebter Zuchthengst. Er hat die moderne Friesenpferdezucht stark geprägt und viele erfolgreiche Nachkommen hervorgebracht.

Mintse 384

Mintse 384, geboren 1997, hat sowohl im Dressur- als auch im Fahrsport große Erfolge gefeiert. Er ist bekannt für seine beeindruckende Ausdauer und seine kraftvollen Bewegungen.

Mintse 384 hat viele nationale und internationale Titel gewonnen und wird oft als Paradebeispiel für die Vielseitigkeit und das Potenzial von Friesenpferden in verschiedenen Disziplinen genannt.

Ulke 338

Ulke 338 war ein beeindruckender Friesenhengst, der sich besonders im Fahrsport hervorgetan hat. Geboren im Jahr 1989, hat er viele bedeutende Fahrwettbewerbe gewonnen und war bekannt für seine Stärke und seine Fähigkeit, auch unter schwierigen Bedingungen Höchstleistungen zu erbringen.

Ulke 338 war auch ein erfolgreicher Zuchthengst, dessen Nachkommen in verschiedenen Sportarten brillieren.

Goliath

Goliath ist ein bekannter Friesenhengst, der durch seine Auftritte in verschiedenen Filmen und Fernsehserien Berühmtheit erlangt hat.

Er spielte unter anderem in dem Film „Ladyhawke" mit und beeindruckte das Publikum mit seiner majestätischen Erscheinung und seinem ruhigen Temperament.

Goliath ist ein Beispiel dafür, wie Friesenpferde nicht nur im Sport, sondern auch in der Unterhaltungsindustrie erfolgreich sein können.

Othello

Othello ist ein weiterer Friesenhengst, der in der Film- und Fernsehindustrie Berühmtheit erlangte.

Er spielte die Hauptrolle in der bekannten US-Serie „Zorro" und wurde für seine beeindruckenden Stunts und seine Fähigkeit, auf Kommando zu agieren, gelobt.

Othello hat die Vielseitigkeit und das Talent von Friesenpferden in der Welt des Films unter Beweis gestellt.

Frederik the Great

Frederik the Great ist ein moderner Friesenhengst, der durch soziale Medien weltweite Berühmtheit erlangt hat.

Bekannt für seine außergewöhnliche Schönheit und seine langen, wallenden Mähnen, hat Frederik eine große Fangemeinde auf Plattformen wie Instagram und Facebook.

Er wird oft als eines der schönsten Pferde der Welt bezeichnet und hat zahlreiche Medienauftritte und Fotoshootings absolviert.

Fazit

Friesenpferde haben durch ihre beeindruckende Erscheinung, ihre Vielseitigkeit und ihre Fähigkeit, in verschiedenen Bereichen zu glänzen, weltweite Bekanntheit erlangt. Von erfolgreichen Dressur- und Fahrpferden bis hin zu Stars in Filmen und sozialen Medien – die Geschichten dieser berühmten Friesenpferde zeigen die Vielfalt und das Potenzial dieser außergewöhnlichen Rasse.

Ihre Erfolge und ihr Einfluss reichen weit über die Grenzen der Reitszene hinaus und machen sie zu wahren Ikonen in der Welt der Pferde.

TASSO e.V. und FindeFix sind zwei führende Organisationen in Deutschland, die sich auf die Registrierung und das Auffinden verlorener Haustiere spezialisieren.

Beide bieten wertvolle Dienstleistungen an, um vermisste Tiere wieder mit ihren Besitzern zu vereinen, und ergänzen sich in ihren Bemühungen, das Wohlergehen von Haustieren zu fördern.

TASSO e.V.

TASSO e.V. ist Europas größtes Haustierregister mit Millionen registrierter Tiere. Die Organisation bietet einen kostenlosen Service zur Registrierung von Haustieren, die mit einem Mikrochip oder einer Tätowierung gekennzeichnet sind.

TASSO arbeitet daran, verlorene Tiere zu identifizieren und sie sicher zu ihren Besitzern zurückzubringen. Dies wird durch eine umfangreiche Datenbank ermöglicht, in der die Identifikationsnummern der Mikrochips oder Tätowierungen zusammen mit den Kontaktdaten der Besitzer gespeichert sind.

Zusätzlich bietet TASSO einen 24-Stunden-Notfall-Service, eine verlorene-und-gefundene-Datenbank und verschiedene Informationskampagnen zum Thema Tierregistrierung und -schutz.

FindeFix - Das Haustierregister des Deutschen Tierschutzbundes

FindeFix ist eine Initiative des Deutschen Tierschutzbundes und dient ebenfalls der Registrierung von Haustieren, vor allem von Hunden und Katzen, aber auch **Pferde**.

Ähnlich wie TASSO verwendet auch FindeFix die Mikrochip-Technologie, um verlorene Haustiere zu identifizieren und zu ihren Besitzern zurückzuführen.

Die Registrierung bei FindeFix ist ebenfalls kostenlos.

Neben der zentralen Registrierungsdienstleistung bietet FindeFix Informationen und Unterstützung für Haustierbesitzer, darunter Ratschläge für den Fall des Verlusts eines Haustieres.

Zusammenfassung und Bedeutung

Sowohl TASSO als auch FindeFix spielen eine entscheidende Rolle im Tierschutz in Deutschland.

Durch die Bereitstellung von Registrierungs- und Rückführungsdiensten tragen sie dazu bei, die Sicherheit von Haustieren zu erhöhen und das Leid von verlorenen Tieren und ihren Besitzern zu verringern.

Die Registrierung bei solchen Organisationen ist ein wichtiger Schritt für verantwortungsbewusste Haustierbesitzer. Sie erhöht die Wahrscheinlichkeit, dass ein verlorenes Tier schnell und sicher nach Hause zurückkehrt.

Diese Organisationen ergänzen die Arbeit von lokalen Tierheimen und Tierschutzvereinen und bilden ein wichtiges Netzwerk zum Schutz und zur Fürsorge für Haustiere.

Die Dienste von TASSO und FindeFix sind beispielhaft für moderne Ansätze im Tierschutz und in der Tierregistrierung, die darauf abzielen, das Wohlergehen von Haustieren zu gewährleisten und die Bindung zwischen Tieren und ihren Besitzern zu stärken.

HAT IHNEN DIESES BUCH GEFALLEN?

Hallo zum Schluß, liebe Leserin und lieber Leser!

Wenn Sie mein Buch vom Anfang bis hier her gelesen haben, waren das jetzt gut 150 Seiten, die Sie studiert und mir dabei erlaubt haben, Sie dabei zu begleiten. Das macht mich unglaublich stolz und ich hoffe, Sie hatten Spaß beim Lesen und konnten wichtige Informationen für Sie ganz persönlich umsetzen.

Natürlich hätte ich dieses Buch niemals alleine herausgeben können, ein fleissiges und total Pferde verrücktes Team hat mir bei vielen Dingen wie den Fotos, dem Layout, der Grafik und vielem mehr geholfen - es handelt sich also um das Ergebnis einer einzigartigen und freundschaftlichen Teamarbeit.

Wenn Ihnen etwas nicht gefallen hat, schreiben Sie mir doch bitte und lassen es mich wissen: charlotte.barley@catanddogbooks.com

Und wenn Ihnen die letzten gut 150 Seiten eine angenehme, kurzweilige Zeit beschert haben und meine Tipps Ihnen helfen konnten, empfehlen Sie dieses Buch doch bitte weiter. Ich freue mich über jede einzelne neue Leserin und jeden einzelnen neuen Leser!

Erlauben Sie mir eine kleine Bitte zum Schluß: Wenn Ihre Zeit es zulässt, hinterlassen Sie doch bitte eine nette Rezension auf amazon oder dort, wo Sie es gekauft haben, für dieses Buch. Wir freien Autoren haben keinen mächtigen Großverlag hinter uns. Um auf dem großen Buchmarkt bestehen zu können, sind es vor allem die Rezensionen bei amazon + Co., die den „kleinen" Schreibern und dem Team im Hintergrund helfen.

Auch ein Posting in den sozialen Netzwerken wäre natürlich toll!

Dafür danke ich Ihnen ganz herzlich!

Alles Gute für Sie und Ihr Pferd,

Ihre Charlotte Barley & Team!

INDEX

A

A-Dressur 98
Aktivstallhaltung 27
Ältere Friesenpferde 114
Anhänglich 16
Aortenruptur 111
A-Springen 99
Ausrüstung 19

B

Baden 34
Barockreiten 54
Bewegungsablauf 16
Bodenarbeit 44, 49
Boxenhaltung 27
Bürsten 33

D

Distanzreiten 58, 76
Dressur 20, 53, 58, 74

E

E-Dressur 98
Energie 43
Equine Herpesvirus-Infektionen 108
Equine Infektiöse Anämie (EIA) 107
Equines Cushing-Syndrom 108
Ernährung 20, 33, 132
Erziehung 48
E-Springen 98
Exzema 112

F

Fahren 20, 53
Fahrsport 80
Fahrsportprüfungen 99
Fahrturniere 78
Farbe 15
Fellpflege 33
FindeFix 150
Fliegende Wechsel 71
Fliegenschutz 37,62
Freizeitpferd 21
Freizeitreiten 53,58
Friesland 10
Futter 19,33,133

G

Geduld 43, 45, 48
Gesundheitsmanagement 115
Gewöhnung 46
Gymkhana 78

H

Hals und Kopf 16
Haltungsform 26
Horseball 78
Hufbeschlag 31
Hufkratzer 36, 41
Hufpflege 34, 37
Hufprobleme 31,107
Hufschlagfiguren 86
Hufschmied 30
Hund 129

I

Intelligenz 16,43

J

Jugendreiterprüfung 98
junge Reiter 124

K

Kardätsche 36, 41
Kolik 106
Körperbau 15
Kosten 18, 23

M

Mähne,Schweif 12, 34, 38
Mähnen- und Schweifbürste 36,40
Mähne und Schweif 16
Marathonprüfung 99
Megaösophagus 111
Mineralstoffe und Vitamine 133

O

Offenstallhaltung 27

P

Passage 71
Pferdeanhänger 103
Pflege 18, 19, 20, 28, 32,45
Piaffe 71
Polo 77
Polysaccharide Storage Myopathy
        110

Q

Quadrille 54

R

Rassestandard 138
Reiterpass 66
Respekt 44
Routine 50

S

Sanftmütig 16
Sattel 56
Schutzkleidung 57

Sensibilität 43
Show 21, 53
Spaziergänge 44
Springreiten 71,75
Stallklima 27
Strangles (Druse) 107
Striegel 36, 40

T

TASSO 150
Teilhaberschaft 22
Temperament und Charakter 16
Tierärztliche Versorgung 19
Training 20,24, 48
Tunierausrüstung 100

U

Unterbringung 28

V

Versicherung 25
Vertrauen 42
Vielseitigkeit 16,75,99
Voltigieren 77

W

Weidegang 27
Westernreiten 76
West-Nil-Virus (WNV) 108
Wettbewerb 94,100
Working Equitation 54

Z

Zahnkontrolle 37
Zaumzeug 57
Zucht 142
Zwischenschenkelkrebs 111